上海白领人文素养践行力状况与发展研究

欧阳光明　陈桂香　著

上海大学出版社
·上海·

图书在版编目(CIP)数据

上海白领人文素养践行力状况与发展研究/欧阳光明，陈桂香著.—上海：上海大学出版社，2021.12
 ISBN 978-7-5671-4333-3

Ⅰ.①上… Ⅱ.①欧… ②陈… Ⅲ.①中等资产阶级-人文素质教育-研究-上海 Ⅳ.①D675.1②G40-012

中国版本图书馆 CIP 数据核字(2021)第 250437 号

责任编辑　徐雁华
封面设计　缪炎栩
技术编辑　金　鑫　钱宇坤

上海白领人文素养践行力状况与发展研究
欧阳光明　陈桂香　著
上海大学出版社出版发行
(上海市上大路 99 号　邮政编码 200444)
(http://www.shupress.cn 发行热线 021-66135112)
出版人　戴骏豪

*

南京展望文化发展有限公司排版
商务印书馆上海印刷有限公司印刷　各地新华书店经销
开本 710mm×1000mm 1/16 印张 16.5 字数 269 千字
2021 年 12 月第 1 版　2021 年 12 月第 1 次印刷
ISBN 978-7-5671-4333-3/D·245 定价　62.00 元

版权所有　侵权必究
如发现本书有印装质量问题请与印刷厂质量科联系
联系电话：021-56324200

前　言

　　上海大学公民人文社会科学知识与素养调查课题组,自2011年开展城市市民人文社会科学知识与素养的调查以来,先后四次开展了对上海市民和城市白领人文社会科学知识与素养的抽样调查,即受上海市社会科学界联合会的委托开展的2011年对上海市民人文社会科学知识与素养的抽样调查和2013年对上海白领阶层人文社会科学知识与素养的抽样调查,以及2016年和2019年课题组在上海市高原学科建设经费支持下开展的对上海市民人文社会科学知识与素养的抽样调查和对上海白领阶层人文社会科学知识与素养的抽样调查。

　　每一次的调查,既保留了调查研究的历史延续下来的"共性",又有针对经济社会发展出现的新情况作出适当调整的、与时俱进的"个性"。从"共性"方面来看:一是样本抽样仍然采用了配额随机抽样的基本方式,保证样本具有历史延续性;二是按照课题组对人文素养的理论界定,人文素养由人文知识、人文思想、人文方法、人文精神和素养践行力这五个方面构成,因而在问卷设计上保持了原有问卷的基本结构、内容不出现大的变化,避免丧失人文素养状况的可比性;三是对于调查数据的分析处理方式不变,仍然采用SPSS统计软件处理的基本方式。从"个性"方面来看,主要反映在对问卷作局部调整,即对个别问题作与时俱进的设计、修改。

　　在2013年上海白领阶层人文社会科学知识与素养调查报告的基础上,课题组于2019年6月再次以白领作为调研对象而开展进一步的研究,期待能够通过这两次调查,来进一步分析六年来上海白领人文社会科学知识与素养出现的变化特点和基本趋势。需要作出必要说明的是,在2019年的调查中,出于把白领作为上海市民群体中的一个重要组成部分加以研究的需要,在问卷设计时对样本的身份、类别的划分采用了与做市民问卷调查时相同的分类方式,基本实现了弄清白领在上海市民群体中人文素养状况的特点,结论也与课题组猜测的"白领人文素养状况要好于市民群体的平均水平"的观点一致。但是,由于这样的样本分类方式的调整,也造成了研究中给白领人文社会科学知识与素养的纵向比较带来部分数据"可比性"丢失的问题,故在此作必要的说明,也请读者在阅读、参考相关数据时予以关注。此外,调查数据用 SPSS 软件分析时,通常以四舍五入的方式计算,以百分制计,会出现与 100 分稍有出入的情况,特此说明。

基于这些调查,课题组获取、积累了大量反映上海市民群体和上海白领人文社会科学知识与素养状况的实证数据,并建立了上海市民人文社会科学知识与素养抽样调查数据库。同时,在对获取的大量抽样调查数据作统计分析、分类处理并进行纵向的历史比较和横向的对比分析研究的基础上,课题组先后出版了《新时期的都市人文素养——一项基于上海市人文社会科学知识与素养的调查和研究》《城市文化认同与人文素养践行力发展:基于上海市民人文素养践行力调查的比较研究》和《上海市民人文素养发展研究报告(2019)》等研究专著,对上海市民的人文社会科学知识与素养状况作了相对比较全面和客观的分析与比较。总体来讲,随着上海经济社会的快速发展,教育文化事业建设水平的不断提高,近十年来,上海市民群体的人文社会科学知识与素养状况不断向好,与上海城市文化软实力的不断提升是完全相符的。

本书通过对上海白领人文社会科学知识与素养(全书简称"人文素养")的历史比较,可以对上述结论作进一步的补充、说明。

目　录

第一章　上海白领的人文素养 …………………………… 1
　一、什么是白领 ………………………………………… 1
　二、人文素养的概念及特征 …………………………… 3
　三、上海白领人文素养的践行及其发展 ……………… 9
第二章　上海白领人文价值取向状况调查与历史比较
　……………………………………………………………… 12
　一、上海白领关于生命尊重问题的认知 ……………… 12
　二、上海白领关于纳税义务观的认知 ………………… 17
　三、上海白领关于环保意识的认知 …………………… 24
　四、上海白领关于审美情趣的认知 …………………… 31
　五、上海白领关于公共道德修养的认知 ……………… 38
　六、上海白领关于成功观的认知 ……………………… 45
　七、上海白领关于人道观念或人道精神的认知 ……… 59
　八、上海白领关于个性意识的认知 …………………… 64
　九、上海白领关于合作意识的认知 …………………… 69
　十、上海白领关于生活价值取向的认知 ……………… 75
　十一、上海白领关于个人价值判断的认知 …………… 77
　十二、上海白领关于超验事物的认知 ………………… 80
第三章　上海白领人文素养践行力调查与历史比较
　……………………………………………………………… 87
　一、上海白领对"城市,让生活更美好"的认同 …… 87
　二、上海白领对"按揭消费"的认知 ………………… 97

三、上海白领对"法律应该发挥怎样的社会功能"的认知 …… 112

四、上海白领对人文社会科学知识必要性的认知 …… 122

五、上海白领对开展人文社会科学知识普及工作的认知 …… 130

六、上海白领对人文社会科学知识的需求状况 …… 140

七、上海白领对各种开展人文社会科学知识普及工作形式的总体评价 …… 142

八、上海白领获取人文社会科学知识的渠道 …… 150

九、上海白领对各种传播人文社会科学知识渠道的总体评价 …… 157

十、上海白领对各种传播人文社科知识活动的效果的总体评价 …… 164

第四章　上海白领城市文化认同调查与历史比较 …… 170

一、上海白领对上海历史知识的掌握 …… 170

二、上海白领的城市生活体验 …… 175

三、上海白领对城市地标的认同 …… 181

第五章　上海白领城市生活体验调查与历史比较 …… 188

一、上海白领关于公共道德的认知 …… 188

二、上海白领关于城市生活观念的认知 …… 203

三、上海白领关于生活话题的认知 …… 210

第六章　上海白领城市文化认同调查与历史比较 …… 220

一、上海白领关于"四个中心"建设的认知 …… 220

二、上海白领对城市建设发展规划的态度 …… 228

三、上海白领对城市生态设施建设的态度 …… 247

后记 …… 255

第一章 上海白领的人文素养

一、什么是白领

在西方,第一个提出"白领"概念的社会学家是 C. 莱特·米尔斯。他在《白领:美国的中产阶级》一书中,对美国的白领进行了深入分析,虽然他未给白领下一个明确的定义,但他就白领的经济收入、社会声望、权力地位分别进行详细描述:就财产而言,在特定区域内,白领的收入大致处在中间位置;从事白领职业的人接受过良好的教育,拥有较高的收入,具有较高的社会声望,并且他们也积极努力维持着这样的声望①。与此同时,米尔斯也对白领的构成做过分析,他认为白领分布在不同的行业和部门,每一行业和部门内部的白领职业也在与日俱增。德国社会学家埃米尔·莱德勒认为白领是"所有不从事纯粹体力工作的雇员"。瑞士社会学家罗杰·吉罗德认为白领有两个基本标志,即工作环境和工作对象。在工作环境上,白领主要从事"科室工作";在工作对象上,白领多与文件、文字、符号及人打交道②。

目前,我国已有相当数量的白领,他们遍布大中小城市。但我国学术界对"白领"这一概念还没有做出明确界定,就现有的研究来看,主要有以下两种观点:

一些学者认为白领主要指从事脑力活动的劳动者,如朱光磊等人认为,白领是在经济领域中从事脑力劳动从而领取薪酬的劳动者③。这种观点曾流行一时,在过去,脑力劳动者和体力劳动者的区别还是比较明显的。随着科学技术的

---

① 米尔斯.白领:美国的中产阶级[M].周晓虹,译.南京:南京大学出版社,2006:57-59.
② 夏建中.社会分层、白领群体及其生活方式的理论与研究[M].北京:中国人民大学出版社,2003:48-49.
③ 朱光磊,等.当代中国社会各阶层分析[M].天津:天津人民出版社,1998:76.

发展,劳动者的劳动方式和劳动内容发生了深刻变化,一些白领工作中的机械性劳动明显增加,而有相当多的蓝领实际上从事的是需要技术和知识的脑力劳动。

一般来说,白领是依靠工资为生的脑力劳动者,他们的工作条件和收入水平都相对较好。尽管如此,他们在工作过程中仍处于被雇佣的地位。管健认为"白领"这个概念要从职业性质、社会声望及收入水平三个方面去综合分析和理解,即白领是指接受过良好的教育、从事专业性和脑力劳动性职业、在社会中具有较高的声望并且在当地是中等层次收入水平的群体。同时,他们有一定的闲暇时光,追求一定的精神生活,重视自身的生活质量和品质[1]。潘允康从职业的视角认为白领主要为"国家机关、党群组织、企事业单位负责人""各类专业技术人员""办事人员和有关人员"这三类职业群体。当然,白领遍及社会各个领域,如经济、政治、文化等领域。同时,他们在收入水平、社会声望、工作环境、文化程度等方面都处于中间阶层[2]。

白领是维护社会稳定的重要力量。德国学者齐美尔认为,一个以中间等级占多数或优势的社会,能够较好地缓和社会矛盾,促进社会的和谐发展。中间等级在社会发展过程中往往能够起到防震垫的作用,他们能够不知不觉地接受、缓和、分散在事态迅速发展时产生的种种震荡。需要指出的是,白领能够成为社会的"稳定器",有一个至关重要的前提,那就是白领处于稳定的状态。如果白领时常感到不平等,有剥夺感,势必会把负面情绪不断扩大,长此以往,就会失去原有的"稳定器"的作用。

20世纪80年代以来,中国进行了全方位的改革开放。改革开放深入推进,我国经济快速发展,产业结构发生巨大变化。随着经济社会的蓬勃发展和产业结构的不断升级,我国白领逐渐成为城市发展的新兴阶层。一方面,他们创造了一种新的社会财富,即知识经济;另一方面,他们能够凭借其良好的个人素养赢得较好的职业地位和社会声望。一般来说,白领的素养主要表现在敬业精神、职业道德、商业诚信、文化品位等方面。他们的这些素养在一定程度上对社会的健康生活方式有促进作用。以上海为例,在对上海的经济和社会发展做出了巨大贡献的群体中,就有占较大比重的白领。

---

[1] 管健.白领阶层由精英型到大众化[J].人民论坛,2009(20).
[2] 潘允康."白领"与现代社会结构[J].社会科学战线,1999(3).

二、人文素养的概念及特征

为了更好地理解白领的人文素养,首先要了解人文素养的内涵,可以从"人文""素养""人文素养"等基本概念着手。

(一) 关于"人文""素养""人文素养"的概念

在中国传统文化中,"人文"一词最早出现于《易经》:"刚柔交错,天文也;文明以止,人文也。观乎天文,以察时变;观乎人文,以化成天下。"这里的"天文"与"人文"是一对相对应的范畴,"天文"的"天"是指自然界,"文"则是气候变化的规律;而"人文"的"人"指人世间,"文"则是诗书礼仪、人伦秩序、典章制度等。唐代著名诗僧皎然在《读张曲江集》中言:"相公乃天盖,人文佐生成。"其大意是人生来就好比上天赐予,但人文就如同礼乐教化,需要后天的辅佐教育方能形成。可见,此处的"人文"是一个动态的概念,意指合乎文明的人伦秩序,礼乐教化。《后汉书》中说:"舍诸天运,征乎人文,则古之休烈,何远之有!"此处的"人文"指的是人事,强调依靠人力,事在人为。显然,中国古代的"人文"实则为一种包含了价值规范、道德律令及伦理准则等的文化现象。在《辞海》中,"人文"概指人类的一切文化现象和文明成果。从以上关于"人文"的部分解释来看,中国文化中的"人文"一词,具有广义和狭义之分。广义的"人文"泛指人类社会中的物质文化和精神文化的总和;狭义的"人文"主要强调人为、人事。

在英语中,humanity(人文)、humanism(人文精神)等词都与词根 human 和 humane 有直接的关系。古罗马著名哲学家西塞罗把希腊文"paideia"(牧养、使之成长、开化、教化)翻译成拉丁文的"humanitas",并赋予"humanitas"一词新的意蕴,即一种能够最大限度促进人类发展并具有人道精神的教育制度或教育思想。古罗马作家格里乌斯也持类似观点,认为"humanitas"一词的本义并没有强调人性、人道和仁爱的精神,在从希腊文"paideia"转译过来之后,"humanitas"一词在拉丁文中就有了"人性、教养、教化"的意思,进而逐渐引申为人性之学。在文艺复兴时期,人们把对上帝的关注逐渐转移到对人的现实生活的关注,"人文"的内涵在"人学"与"神学"的对立中获得了丰富和发展。人们开始重视人的生活、关注人的价值,强调人的自由、尊严和权利。

无论是中国传统文化中"人文"的意蕴,还是西方历史上"人文"的内涵,它总是与人的教化相关,人文就是"以文化人"。因此,本书认为,人文是一种反映人的精神世界、追求终极关怀的价值观念和行为规范,其核心是关注人之为人的价值。它主要解决的是"应该是什么""应该为什么""应该如何做"的问题,集中体现了"以人为中心"的理念。

"素养"中的"素"古义为"素色",本指本色未染的生绢,后来逐渐引申为某物不加修饰的原本特性,进而具体化为质朴无饰、平素、向来的含义[①]。"养"最初的含义是饲养,古人饲养动物以获得肉类食物,之后引申为种植、培养、修养、涵养。孟子言"我知言,我善养吾浩然之气",此处"养"意指精心培育、用心滋养。由此观之,"养"在很早以前就与精神、思想密切相关。虽然"素"和"养"在中国词源中早已有之,但把"素"和"养"结合成"素养"一词则是晚近的事了,"素养"一词在日常生活中常用来表示人的教养,一个有教养的人往往具备一定的学识,同时做事讲究分寸。

在谈到"素养"时,人们可能会把它与"素质"相提并论。的确,"素养"和"素质"两词有着相近之处,在《现代汉语大词典》中,"素质"的定义主要为:① 事物本来的性质;② 人的神经系统和感觉器官的先天特点[②]。可见,"素质"突出强调的是先天、本来就有的特征,是人在先天基础上,经过后天教育和社会环境的影响,由知识内化而形成的相对稳定的心理品质。在《现代汉语大词典》中,"素养"指的是修习涵养,侧重于指人通过后天的修习而具备一定的知识、能力和品行。本书认为,与"人文"相联系,用"素养"比用"素质"更加妥当。因为"素养"更加强调人要经过不断训练、用心培育才能达到某种理想的状态。如果从静态的视角描述一个人的心智发育水平或者一个社会的整体发展程度,往往用"素质"一词,但若强调人的修身、养性、修养之意,则"素养"无疑更为恰当。

当前学术界对"人文素养"一词的具体定义,各有诠释,莫衷一是。

肖川认为"人文素养"有五个层面的含义:① 关注人的生活、生命、尊严和价值,强调人性、仁爱;② 注重追求人的自我实现,重视人的超越性;③ 强调人的发

---

① 《现代汉语大词典》编委会编. 现代汉语大词典(下册)[Z]. 上海:汉语大词典出版社,2000:1910.

② 《现代汉语大词典》编委会编. 现代汉语大词典(下册)[Z]. 上海:汉语大词典出版社,2000:1911.

展的全面性,反对对人的心灵的肢解和迫害;④ 注重对人的需要、渴望和梦想的追寻和满足;⑤ 重视对人之为人终极关切情怀的追问①。

李萍把人文素养分为前现代人文素养和现代人文素养。前现代人文素养是指一个人的人文素养高低取决于他理解和掌握古典学知识的程度,他熟读大量经典论著,就表示他的人文素养高,反之亦然。现代人文素养则是指对"人何以为人"问题的深切关注。人文素养并不是人文知识的堆积,也绝非仅是人文学科研究能力的积极展现②。

赵志宏进一步丰富了人文素养的内涵,他把人文素养分为基本层、发展层以及高境界层。基本层注重人之为人的价值,崇尚仁爱,勇担责任;发展层是在基本层的基础上,有更为明确的价值取向,积极乐观向上,自制力强大;高境界层高度关注人的需求和渴望,有着坚韧的意志力,能够自觉践行社会主义核心价值观。

纵观以上专家、学者的观点,可以看出人文素养不同于人文知识,只有人在涉猎了文、史、哲等知识并把这些知识内化为人自身的认知、渗透到人的生活,最终转化人的日常行为时,才真正具有了人文素养。人文素养是指一个人在认识、理解和掌握政治学、经济学、历史学、哲学、文学、法学等知识的基础上形成的价值取向和社会践行能力。这就深刻表明了人文素养既体现了人们对人文知识的理解程度,又是人类社会文明发展的重要指标。

人文素养不是天生的,也不是一成不变的,而是在生活、学习和工作实践中不断得以提升和发展的。人文素养的养成和提升需要经历必要的学习过程,需要一定时间的沉淀。一般来说,人文素养的养成和提升离不开学校教育、家庭教育、社会教育以及自我教育。学校教育是提升人文素养的基础性途径,具有独特的优势。我国现行教育在不同阶段,教师都会通过不同层次的教育来帮助学生树立正确的世界观、人生观和价值观,提高辨别是非和独立思考的能力。从整个学习历程来看,学校教育无疑对培养人们良好的人文素养发挥了重要作用。家庭教育,是大教育的重要组成部分,在人的一生中起着奠基的作用。人文素养是一种内在的品质,而家庭往往是这种品质养成的第一所学校。在今天的家庭教

---

① 肖川.什么是人文素养[J].教学月刊·中学版下,2006(9).
② 李萍.论现代人文素养与中华茶道的内在关系[J].广东社会科学,2019(6).

育中,存在一些不容忽视而又极易被家长所忽视的问题,那就是难以在家庭环境中具体落实人文教育。因此,提倡可持续性的人文家庭环境是必要的,只有在生态的、人文的、科学的家庭环境中自然成长,人才能更好地适应社会发展。社会教育是与学校教育和家庭教育并行的影响个人身心发展的教育活动。它可以直接面向全社会,比学校教育、家庭教育具有更为广阔的活动天地,影响面更广泛,在提升社会成员人文素养方面有积极作用。自我教育是指个体通过自我反省和自我学习来增强理论知识,并将其内化于心,这种自我教育与其他教育形式相比,往往更具有持久性和原则性。

(二) 人文素养的五个方面

通过以上分析,本书所讲的人文素养指的是经过人文社会科学知识(如政治学、经济学、历史学、哲学、法学、文学等)的学习和社会实践而形成的内在素养和品质。具体来说,人文素养包括以下五个方面①:

1. 具备人文知识

知识是一个人通过实践活动获得的对客观事物的认识。知识与素养存在着密切的关系,但这种关系不是一种平行关系,素养包含着知识,但知识不能完全体现素养。人文知识是社会发展过程中历史文化沉淀下来的精华,是人类精神生活领域的产物,这些人文知识主要包括文学知识、历史知识、哲学知识、政治知识、经济知识、艺术知识、宗教知识、法律知识、道德知识、语言知识等。

学习人文知识是提升自我能力的基础。人文知识的修习和积累是一个重要的过程,随着人文知识的积累与沉淀,它会潜移默化地影响一个人的精神面貌和形象气质。我们通过学习人文知识,把这些知识内化为向善的思想和情感,形成良好的品德和行为。因此,无论是个人还是社会群体,都要努力学习人文知识。

2. 理解人文思想

人文思想是把平面化的具体的人文知识聚合为立体化的理论体系,所以对

---

① 欧阳光明.新时期的都市人文素养——一项基于上海市人文社会科学知识与素养的调查和研究[M].上海:上海大学出版社 2015:2.

于人文思想,不能以定量的方法来做研究和检验。人文思想与科学思想相比,具有很强的民族色彩、个性色彩和意识形态特征。

人文素养的提升和人文思想具有很大的关联性。对于一个人的认知不能仅通过感官来获得,还要进行更加理性的分析,通过了解一个人的行为,来感受他的思想和境界。当然,我们在对别人进行如此认知时,必须具备较高的自我认知能力。如此,我们对事物的认知才能更深入和客观。

3. 掌握人文方法

人文方法是从人文思想中体现并提炼出的认识方法和实践方法。透过人文方法,可以明确人文思想的形成和发展过程。在现实生活中,我们运用人文方法来思考和解决问题,这是人文素养的重要体现。与人文方法不同,科学方法是指人们在认识和改造世界中遵循或运用的、符合科学一般原则的各种途径和手段,它的突出特点是精确性和普遍适用性。

虽然人文方法与科学方法是不同的研究方法,但两者之间具有重要的关联性,人文方法内含一种人文的、主观的精神,而这种精神又是对科学方法的补充和完善。只有掌握一定的人文方法,我们才能自主地、能动地开展研究工作。

4. 遵循人文精神

人文精神的本质可以理解为思维、意识和心理的状态,它可以由人文知识、人文思想、人文方法而转化为主体精神。当代的人文精神应以追求真善美的价值理想为使命,以人的自由全面发展为终极目标。其核心主张是重视人的价值,尊重人的尊严和权利,关怀人的现实生活,追求人的自由、平等和解放。

在当今社会,培育和提升人文精神对于一个民族、一个国家而言,具有非常重要的意义。人文精神一旦形成,就会影响人的世界观、人生观和价值观,进而对价值世界的构建产生重要作用。这就是说,人文精神是人文素养的核心,正因如此,人文精神是人存在和发展的精神支柱,也是社会发展的精神气魄。

5. 践行人文行为

人文行为是人们"看得见""能感知"的存在,是衡量一个人人文素养高低的重要"尺子"。人文行为是个体较为稳定的人格、修养、气质等内在品质外化为具体行动的一个过程,它是人文素养在社会实践中所追求的最终目标。

在现实生活中,人们往往把人文素养与人文精神、人文知识、人文方法联系在一起,认为人文素养就是人文精神,或认为有了人文知识、人文方法、人文思想,就拥有了人文素养。其实这种理解是不全面的,如果一个人的人文水平与他的人文行为相脱节,那么我们就不能笼统地判断他具有较高的人文素养。只有人们将习得的人文知识、人文思想和人文方法内化为人文精神,再通过人文精神外化为日常生活实践中的行为,我们才能说这个人具有人文素养。

(三) 人文素养的四个特征

1. 发展性

一般来说,人文素养不是自动生成的,是后天不断努力、不断学习、不断实践的结果。人们通过不断学习,人文知识、人文思想、人文方法和人文精神逐渐内化为自身的精神品质。这一过程充分说明了人文素养本身具有的发展性,也即人文素养可以再塑造、再提高。

2. 稳定性

人们通过自身的学习、思考和实践将人文知识、人文方法、人文思想和人文精神内化为人格、气质和修养,形成了较为稳定的内在品质,从而为人文素养的践行奠定基础。正是如此,这些品质一旦形成,就不会因为一时一事的变化而轻易改变。

3. 潜在性

我们知道人文素养是一个人内在的气质、涵养和品质,是里而非表,是质而非量。由于人文素养是潜在的,在现实生活中我们可以通过它的外在表现来加以辨别,如精神境界、行为方式等。其中精神境界是指一个人的人文关怀、价值观念和审美追求等;行为方式更多强调的是人在认识和处理问题的过程中所体现出的具体行为和处理手段,以及日常的言谈举止等。正是通过这些品质,我们才能够对一个人的人文素养的高低进行判断。

4. 社会性

人总是生活在一定的社会环境中,这就决定了他们会受到环境的制约,这对人文素养的形成具有影响,且这种影响具有随机性。在不同城市生活的人,其人文素养是存在差异的。正因如此,城市管理者要高度重视人文精神的力量,营造美丽、和谐、文明的城市生活环境,使人们形成较高的人文素养。

三、上海白领人文素养的践行及其发展

上海白领的人文素养不仅关乎上海的整体形象,而且在城市文化建设方面发挥着重要作用。

"践行"指的是人类基于对既定事物的高度认知,用实际行动去做某件事。在本书中,人文素养的践行是指一个人在社会实践活动中对其所掌握的人文知识、人文方法运用的熟练程度,对人文思想理解的深度,对人文精神实践的程度。

我们评价一个人人文素养的高低,不能仅看他的文化水平,更要看他如何将人文知识外化为具体的行动和实践。这就是说,一个人具有很高的人文素养,也意味着他具有很强的人文素养践行力。在现实生活中,随着教育的普及,高学历的人越来越多,一般来说,他们应该具有较高的道德和素质,但现实中情况并非如此。

上海,聚集了全国乃至世界各地的优秀人才,白领就是其中的重要组成。他们参与上海的城市建设,共同影响这座城市的发展方向。因此,应重视上海白领人文素养及其践行力的发展与提升。

(一) 影响上海白领人文素养践行力的因素

1. 对人文知识、人文思想、人文方法和人文精神的认知

人文知识、人文方法、人文思想、人文精神是人文素养践行的基础。没有这

四个方面的积淀,人文素养的践行就失去了根基。一个人只有在积累了人文知识、人文方法、人文思想、人文精神的基础上,才能对社会生活中的事件作出诸如好恶、美丑、亲疏等直观评价。

不同群体的人文素养践行状况是不同的,因此,上海白领的人文素养践行状况也是不同的。由于受到不同文化程度、居住地、年龄、收入、宗教信仰、政治面貌、专业背景等因素的影响,他们在人文知识、人文思想、人文方法和人文精神上的表现不同,从而就会呈现出不同的人文素养践行状况。

2. 对城市文化的认知

文化是一座城市的名片,也能让一座城市更具吸引力和创造力。一座城市的发展,最重要的是人。每一个人既参与城市建设,又体验城市文化。城市文化认同反映的是生活、工作在城市中的人对城市文化的认知状况和认可程度。

在城市生活中,由于人的宗教信仰、性别、教育背景、生活习惯、文化习俗、道德水平等不同,其对城市文化的认知状况和认可程度就存在差异。随着城市发展水平的提高,生活、工作在城市中的人的思想观念、价值目标、文化精神和生活方式逐渐发生变化,其对城市文化的认同度也在提高。一般来说,城市文化认同与城市记忆、城市发展程度、城市生活体验具有相关性。城市记忆是城市形成、变迁和发展中具有价值的历史记录,对于一座城市来说,城市记忆能影响人们对城市文化的认同度,城市文化是围绕着城市发展而形成的,这就表明了城市文化认同与城市发展具有密切的关系。除此之外,人在城市中的生活体验也会对城市文化认同产生重要影响。

(二) 提升上海白领人文素养践行力的意义

当前,上海聚集了各行各业的白领,他们受到较好的教育,拥有较为丰富的社会实践方法,在践行人文素养上具有优势。因此,提升上海白领的人文素养践行力,不仅有助于其自身发展,而且有助于促进城市的和谐发展。

一个人的人文素养如何,最终要从他的行为中找答案。人文素养践行力较好的人,在与他人的沟通和交往中,更能赢得他人的尊重和理解,表现为做事游刃有余,与他人和谐共处。

第一章 上海白领的人文素养

上海白领作为城市发展的重要参与者,其人文素养水平影响城市的和谐发展。人文素养的力量是隐性的,它影响一个人的思维活动和情感表达,反映一个人的内在品质和习惯养成,是在人的成长和发展中形成的精神特质。因此,白领人文素养践行力越好,越有利于城市的稳定发展。

第二章 上海白领人文价值取向状况调查与历史比较

一、上海白领关于生命尊重问题的认知

(一) 上海白领对生命尊重的认知情况及历史比较

如图2-1所示,2019年,当被问及"你如何看待制作虐待动物视频来赚钱的行为"时,有12.7%的受访者表示会想方设法制止这种行为,72.5%的受访者表示非常反感这种行为,表明有八成以上的受访者对生命有着强烈的敬畏感。同时有3.4%的受访者认为如果有足够多的报酬也会参与虐待动物活动,1.3%的受访者认为虐待动物无所谓,没什么大惊小怪的。还有9.3%的受访者表示自己不参与,但也不干涉别人参与。

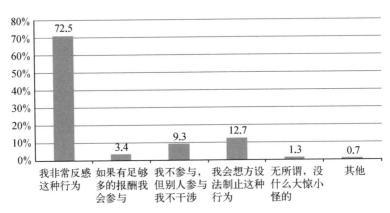

图2-1 2019年上海白领对虐待动物以赚钱行为的看法

如图2-2所示,2013年,当被问及"你如何看待制作虐待动物视频来赚钱的行为"时,有9.1%的受访者表示会想方设法制止这种行为,76.1%的受访者表

示非常反感这种行为,表明有八成多的受访者对生命有着强烈的敬畏感。同时有1.8%的受访者认为如果有足够多的报酬也会参与虐待动物活动,0.9%的受访者认为虐待动物无所谓,没什么大惊小怪的。还有10.7%的受访者表示自己不参与,但也不干涉别人参与。

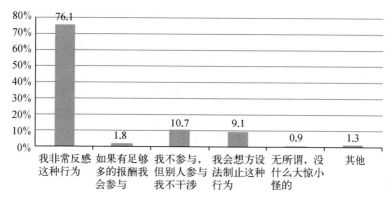

图2-2　2013年上海白领对虐待动物以赚钱行为的看法

对比两组数据可知(如图2-3),绝大部分受访者对生命有着强烈的敬畏感,2019年,会想方设法制止制作虐待动物视频来赚钱的行为的受访者比例较2013年有所增加,说明受访者的社会责任感有所提升。

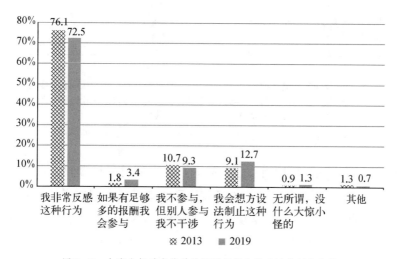

图2-3　上海白领对虐待动物以赚钱行为的看法的历史比较

(二) 上海不同性别白领对生命尊重认知状况的差异及历史比较

如图2-4所示,2019年,上海不同性别白领对虐待动物以赚钱行为的看法大致是:男性受访者中,有13.7%的受访者表示会想方设法制止这种行为,63.9%的受访者表示非常反感这种行为,4.4%的受访者认为如果有足够多的报酬也会参与虐待动物活动,1.9%的受访者认为虐待动物无所谓,没什么大惊小怪的,还有15.6%的受访者采取自己不参与,但也不干涉别人参与的态度;女性受访者中,有11.9%的受访者表示会想方设法制止这种行为,79.5%的受访者表示非常反感这种行为,2.6%的受访者认为如果有足够多的报酬也会参与虐待动物活动,0.7%的受访者认为虐待动物无所谓,没什么大惊小怪的,还有4.3%的受访者采取自己不参与,但也不干涉别人参与的态度。可以看出,男女性别的不同,对于这个问题的态度相差不是太大。总体上,女性受访者表现得对生命要更重视一些。

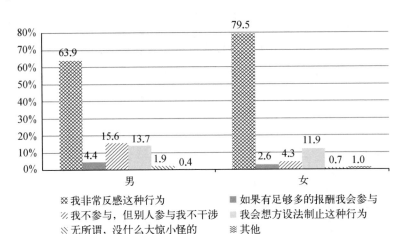

图2-4 2019年上海不同性别白领对虐待动物以赚钱行为的看法

如图2-5所示,2013年,上海不同性别白领对虐待动物以赚钱行为的看法大致是:男性受访者中,有9.7%的受访者表示会想方设法阻止这种行为,73.3%的受访者表示非常反感这种行为,2.5%的受访者认为如果有足够多的报酬也会参与虐待动物活动,1.4%的受访者认为虐待动物无所谓,没什么大惊小怪的,还有11.3%的受访者采取自己不参与,但也不干涉别人参与的态度;女性受访者中,有8.5%的受访者表示会想方设法制止这种行为,79.4%的受访者表示非常反感这种行为,1%的受访者认为如果有足够多的报酬也会参与虐待动物活动,0.3%的受访者认为虐待动物无所谓,没什么大惊小怪的,还有10%的受访者采取自己不参与,但也不干涉别人参与的态度。

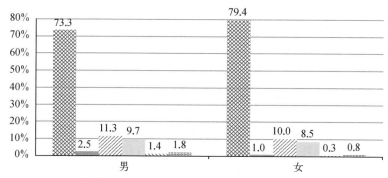

图2-5 2013年上海不同性别白领对虐待动物以赚钱行为的看法

对比两组数据可知,从2013年到2019年,不同性别受访者对虐待动物以赚钱行为的看法的变化不大,只是女性受访者总体较男性受访者对生命表现出更尊重的态度,原来持有既不参与也不干涉态度的女性受访者的比例明显下降。

(三)上海不同年龄白领对生命尊重认知状况的差异及历史比较

如图2-6所示,2019年,上海不同年龄段白领对虐待动物以赚钱行为的看法大致是:各年龄段的受访者中绝大部分都会想方设法制止这种行为或者非常反感这种行为。其中,15—21岁的受访者的总选择率为84.9%,22—31岁的受访者的总选择率为77.5%,32—41岁的受访者的总选择率为89.8%,

为最高,42—51岁的受访者的总选择率为87.8%,52岁及以上的受访者的总选择率为88.5%。

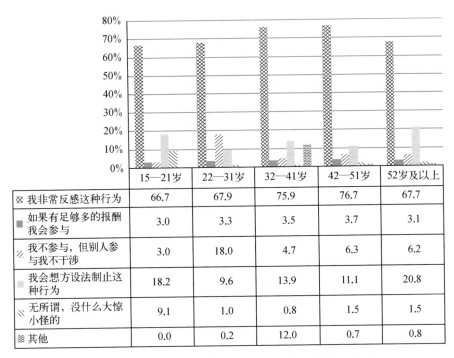

	15—21岁	22—31岁	32—41岁	42—51岁	52岁及以上
我非常反感这种行为	66.7	67.9	75.9	76.7	67.7
如果有足够多的报酬我会参与	3.0	3.3	3.5	3.7	3.1
我不参与,但别人参与我不干涉	3.0	18.0	4.7	6.3	6.2
我会想方设法制止这种行为	18.2	9.6	13.9	11.1	20.8
无所谓,没什么大惊小怪的	9.1	1.0	0.8	1.5	1.5
其他	0.0	0.2	12.0	0.7	0.8

图2-6 2019年上海不同年龄白领对虐待动物以赚钱行为的看法

如图2-7所示,2013年,上海不同年龄段白领对虐待动物以赚钱行为的看法大致是:各年龄段的受访者中多数都会想方设法制止这种行为或者非常反感这种行为。其中,在20—25岁的受访者的总选择率为84.3%,26—35岁的受访者的总选择率为85.9%,36—45岁的受访者的总选择率为87.6%,为最高,46—55岁的受访者的总选择率为85.7%,56岁及以上的受访者的总选择率为64.7%。

由于统计口径不一,此项比较起来有难度。

第二章　上海白领人文价值取向状况调查与历史比较

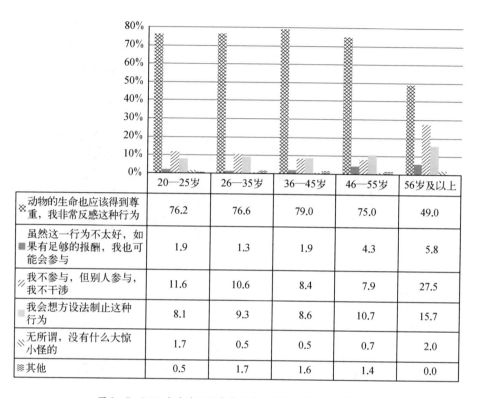

图 2-7　2013 年上海不同年龄白领对虐待动物以赚钱的看法

二、上海白领关于纳税义务观的认知

(一) 上海白领关于纳税义务观的认知状况及历史比较

如图 2-8 所示,2019 年,上海白领对个人纳税的认知情况是:62.3% 的受访者认为,纳税是义务,但我们也有监督税收是否"用之于民"的权利;20.1% 的受访者认为,纳税是应尽义务,不需要其他理由。这反映出八成以上的受访者对自己的义务和权利有较全面、正确的认识。8.5% 的受访者认为"纳税有可能被政府和贪官乱花,所以不应该纳税",9.1% 的受访者认为"钱是自己辛苦挣来的,纳税是不合理的"。

如图 2-9 所示,2013 年,上海白领中 67.3% 的受访者认为,纳税是义务,但

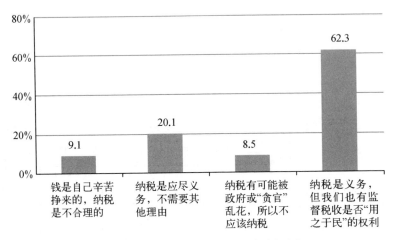

图 2-8 2019 年上海白领对个人纳税的看法

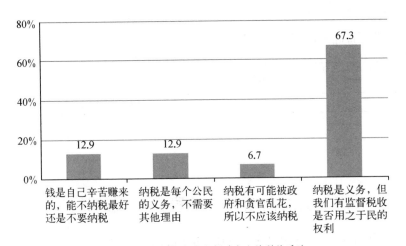

图 2-9 2013 年上海白领对个人纳税的看法

我们也有监督税收是否"用之于民"的权利;12.9%的受访者认为,纳税是应尽义务,不需要其他理由。这反映出八成多的受访者对自己的义务和权利有较全面、正确的认识。6.7%的受访者认为"纳税有可能被政府和贪官乱花,所以不应该纳税",12.9%的受访者认为"钱是自己辛苦挣来的,能不纳税最好还是不要纳税",表明仍有近两成受访者需要加强良好纳税义务观的教育。

对比两组数据可知,从 2013 年到 2019 年,大部分受访者都具有正确的纳税观,正确认知公民纳税义务的比例有所提高。

第二章 上海白领人文价值取向状况调查与历史比较

(二)上海不同性别白领关于纳税义务观认知状况的差异及历史比较

如图2-10所示,2019年,上海白领在看待纳税的问题上,认为"纳税是义务,但我们有监督税收是否'用之于民'的权利"的男性受访者和女性受访者的占比分别为60.4%和67.7%。在"纳税是每个公民应尽的义务,不需要其他理由"的观点上,男性受访者和女性受访者的选择率相差不大,分别为19.8%和21.1%。

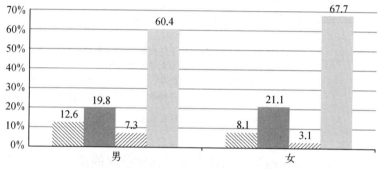

图2-10 2019年上海不同性别白领对个人纳税的看法

从总的情况看,有八成多的受访者都具有良好的纳税意识。在男女受访者中,均有少部分的人对合理纳税存在着错误的认知。

如图2-11所示,2013年,上海白领在看待纳税的问题上,认为"纳税是义务,但我们有监督税收是否'用之于民'的权利"的男性受访者和女性受访者的占比分别为65.2%和70.1%。在"纳税是每个公民应尽的义务,不需要其他理由"的观点上,男性受访者和女性受访者的选择率相差不大,分别为14.2%和11.4%。

对比两组数据可知,2019年上海白领在看待纳税的问题上,对于"纳税是义务,但我们有监督税收是否'用之于民'的权利"的观点,男性受访者和女性受访者的选择率均有所下降。对于"纳税是每个公民应尽的义务,不需要其他理由"的观点,男性受访者和女性受访者的选择率分别提高了5.6个百分点和9.7个百分点。

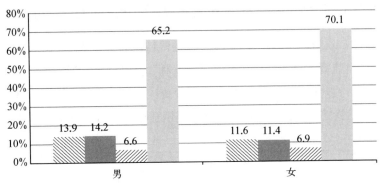

图 2-11 2013 年上海不同性别白领对个人纳税的看法

（三）上海不同年龄白领关于纳税义务观认知状况的差异及历史比较

如图 2-12 所示，2019 年，不同年龄段的上海白领中对纳税义务观认同度最高的是 32—41 岁年龄段受访者，占比 85.6%；其次是 22—31 岁年龄段受访者，

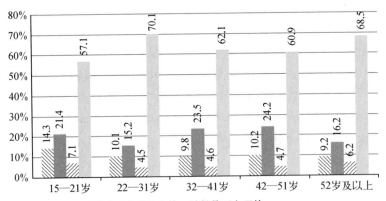

图 2-12 2019 年上海不同年龄白领对个人纳税的看法

第二章 上海白领人文价值取向状况调查与历史比较

占比 85.3%；再次是 42—51 岁年龄段受访者，占比 85.1%。各年龄段受访者中不认同纳税义务观的均有 10% 左右，其中 15—21 岁年龄段受访者的选择率最高，为 14.3%。

如图 2-13 所示，2013 年，不同年龄段的上海白领对纳税义务观认同度最高的是 46—55 岁年龄段受访者，占比 85%；其次是 20—25 岁年龄段受访者，占比 81.7%；再次是 26—35 岁年龄段受访者，占比 80.2%。各年龄段受访者中不认同纳税义务观占比最高的是 56 岁及以上年龄段受访者，选择率为 23.5%；其次是 35—45 岁年龄段受访者，选择率为 15.6%；再次是 26—35 岁年龄段受访者，选择率为 13%。

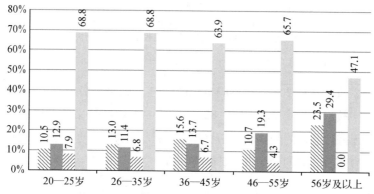

图 2-13　2013 年上海不同年龄白领对个人纳税的看法

由于统计口径不一，两组数据对比起来有难度。

（四）上海不同宗教信仰白领关于纳税义务观认知状况的差异及历史比较

如图 2-14 所示，2019 年，不同宗教信仰的上海白领对纳税义务观认同度最高的是有宗教信仰的受访者，占比 89.1%，其中对纳税是义务无须理由认同度最高的是说不清是否有宗教信仰的受访者，占比 23.1%；认为纳税不合理占比最高的是说不清是否有宗教信仰的受访者，占比 15.1%。

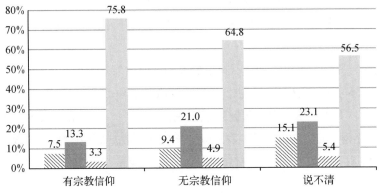

图 2-14 2019 年上海不同宗教信仰白领对个人纳税的看法

如图 2-15 所示,2013 年,不同宗教信仰的上海白领对纳税义务观认同度最高的是无宗教信仰的受访者,占比 82.1%,其中对纳税是义务无须理由认同度最高的是无宗教信仰的受访者,占比 13.2%;认为纳税不合理占比最高的是说不清是否有宗教信仰的受访者,占比 14.9%。

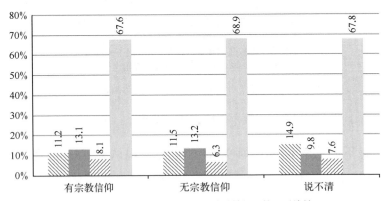

图 2-15 2013 年上海不同宗教信仰白领对个人纳税的看法

对比两组数据可知,2019年不同宗教信仰的上海白领对纳税义务认同度均有较大幅度的提高,其中有宗教信仰白领的提高幅度最大,达8.4个百分点,说不清是否有宗教信仰的白领对纳税是义务无须理由的认同度提高了13.3个百分点。

(五)上海不同月收入白领关于纳税义务观认知状况的差异及历史比较

如图2-16所示,2019年,不同月收入的上海白领对纳税义务观认同度最高的是月收入为1 001—2 000元的受访者,占比93.3%;其次是月收入为2 001—3 000元的受访者,占比89.3%,其中对纳税是义务无须理由认同度最高的是月收入为1 001—2 000元的受访者,占比40%。认为纳税不合理占比最高的是月收入为1 000元及以下的受访者,占比21.1%,其次是月收入为5 001—7 000元的受访者,占比11.8%。

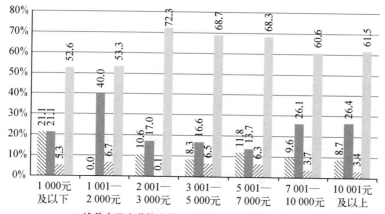

图2-16 2019年上海不同月收入白领对个人纳税的看法

如图2-17所示,2013年,不同月收入的上海白领对纳税义务观认同度最高的是月收入为20 001—50 000元的受访者,占比90.7%;其次是月收入为10 001—20 000元的受访者,占比82.9%,对纳税是义务无须理由认同度最高的是月收入为5 000元及以下的受访者,占比14.2%。认为纳税不合理占比最高是月收入为50 001元及以上的受访者,占比18.2%,其次是月收入为5 000元及

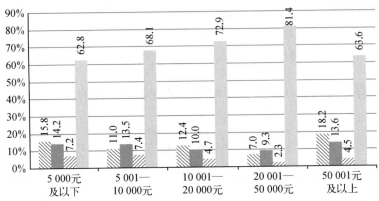

图 2-17　2013 年上海不同月收入白领对个人纳税的看法

以下的受访者,占比 15.8%。

由于统计口径不一,两组数据对比起来有难度,但可以看出有八成左右的上海白领认同纳税义务观。

三、上海白领关于环保意识的认知

(一) 上海白领关于环保意识的认知状况及历史比较

如图 2-18 所示,2019 年,在回答面对草地上"请勿践踏"标牌的反应时,

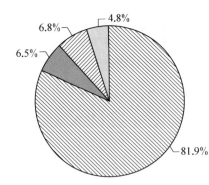

图 2-18　2019 年上海白领面对草地"请勿践踏"标牌时的反应

上海白领中有81.9%的受访者会始终绕行,而认为"草地就是用来踩的"的受访者占6.8%,有4.8%的受访者表示有人在场时不踩,6.5%的受访者表示看到有人踩了自己也会踩。可以看出,受访者中绝大多数人都有较强的环保意识。

如图2-19所示,2013年,在回答面对草地上"请勿践踏"标牌的反应时,76.5%的受访者表示会始终绕行,而认为"草地就是用来踩的"的受访者占7.3%,也就是说完全没有环保意识的受访者只占极少数。但是,也有5.1%的受访者表示有人在场时不踩,10.9%的受访者表示看到有人踩了自己也会踩。

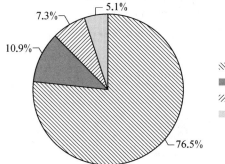

图2-19　2013年上海白领面对草地"请勿践踏"标牌时的反应

对比两组数据可知,2019年受访者的环保意识有了一定的提高。

(二)上海不同性别白领关于环保意识的认知状况的差异及历史比较

如图2-20所示,2019年,在回答面对草地上"请勿践踏"标牌的反应时,有76.6%的男性受访者表示会始终绕行,女性受访者有89.8%;而认为"草地就是用来踩的"的男性受访者占5.7%,女性受访者占1.4%。

如图2-21所示,2013年,在回答面对草地上"请勿践踏"标牌的反应时,有73.8%的男性受访者表示会始终绕行,女性受访者有79.8%;而认为"草地就是用来踩的"的男性受访者占7.7%,女性受访者占7%。

对比两组数据可知,2019年,在看到草地上"请勿践踏"的标牌时,男性受访者选择始终绕行的比例提高了2.8个百分点,女性受访者选择始终绕行的比例

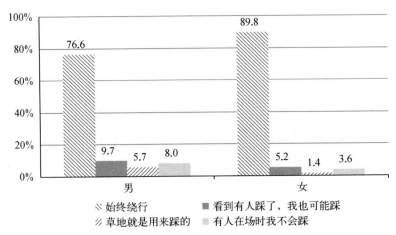

图 2-20　2019 年上海不同性别白领面对草地"请勿践踏"标牌时的反应

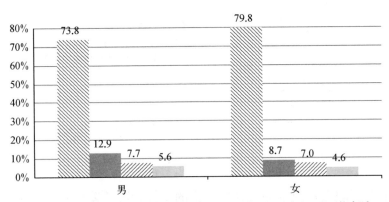

图 2-21　2013 年上海不同性别白领面对草地"请勿践踏"标牌时的反应

提高了 10 个百分点,而男性受访者和女性受访者选择"草地就是用来踩的"的比例分别下降了 2 个百分点和 5.6 个百分点。

(三) 上海不同年龄白领关于环保意识的认知状况的差异及历史比较

如图 2-22 所示,2019 年,上海白领在看到草地上"请勿践踏"的标牌时,选择始终绕行占比最高的是 32—41 岁年龄段受访者,为 88.6%;其次是 42—51 岁年龄段受访者,为 83.6%;再次是 22—31 岁年龄段受访者,为 81.3%;占比最低的是 15—21 岁年龄段受访者,为 64.3%。选择不绕行或是别人踩我也踩占比最高的是 15—21 岁年龄段受访者,为 32.1%;其次是 22—31 岁年龄段受访者,为 12%;最低的是 32—41 岁年龄段受访者,为 8.8%。

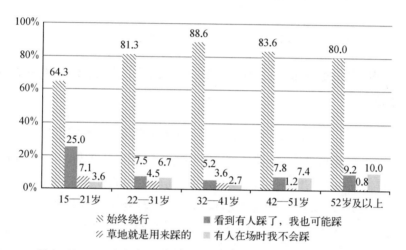

图 2-22　2019 年上海不同年龄白领面对草地"请勿践踏"标牌时的反应

如图 2-23 所示,2013 年,上海白领在看到草地上"请勿践踏"的标牌时,选择始终绕行占比最高的是 46—55 岁年龄段受访者,为 84.3%;其次是

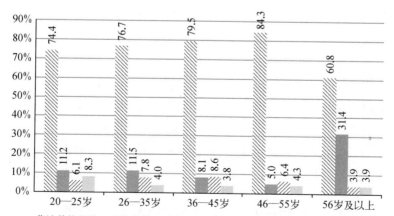

图 2-23　2013 年上海不同年龄白领面对草地"请勿践踏"标牌时的反应

36—45岁年龄段受访者,为79.5%;再次是26—35岁年龄段受访者,为76.7%;占比最低的是56岁及以上受访者,为60.8%。选择不绕行或是别人踩我也踩占比最高的是56岁及以上年龄段受访者,为35.3%;其次是26—35岁年龄段受访者,为19.3%;占比最低的是46—55岁年龄段受访者,为11.4%。

由于统计口径不一,两组数据对比起来有难度。

(四)上海不同政治面貌白领关于环保意识的认知状况的差异及历史比较

如图2-24所示,2019年,上海白领的环保意识在一定程度受到政治面貌的影响。在看到草地上"请勿践踏"的标牌时,政治面貌为共产党员的受访者选择始终绕行的比例为88.9%,政治面貌为共青团员的受访者选择始终绕行的比例为82.6%,而普通群众和民主党派受访者选择始终绕行的比例分别为84.2%和57.9%。政治面貌为共产党员的受访者的选择率最高,而政治面貌为民主党派的受访者的选择率最低。值得注意的是,政治面貌为民主党派的受访者中有10.5%的人认为草地是给公民休闲的,就是用来踩的。

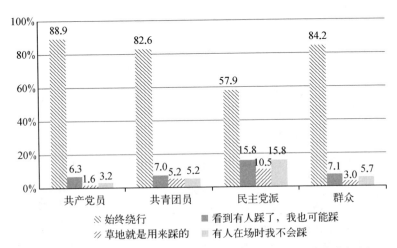

图2-24 2019年上海不同政治面貌白领面对草地"请勿践踏"标牌时的反应

第二章 上海白领人文价值取向状况调查与历史比较

如图2-25所示,2013年,上海白领的环保意识在一定程度受到政治面貌的影响。在看到草地上"请勿践踏"的标牌时,政治面貌为共产党员的受访者选择始终绕行的比例为78.4%;政治面貌为共青团员的受访者选择绕行的比例仅次于共产党员,为77.4%;而普通群众和民主党派受访者选择绕行的比例分别为75.2%和67.7%,比例相较于政治面貌为共产党员和共青团员的受访者要低。值得注意的是,政治面貌为民主党派的受访者中有16.1%的人认为草地是给公民休闲的,就是用来踩的。

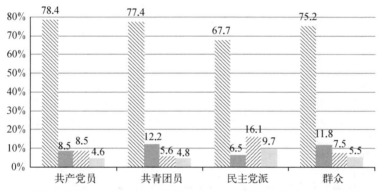

图2-25 2013年上海不同政治面貌白领面对草地"请勿践踏"标牌时的反应

对比两组数据可知,2019年,上海白领的环保意识受到政治面貌影响的情况发生了一些变化。相比较2013年,政治面貌为共产党员的受访者选择始终绕行的比例提高了10.5个百分点,提高幅度最大;而政治面貌为民主党派受访者选择始终绕行的比例下降了9.8个百分点,下降幅度最大,主要原因是政治面貌为民主党派的受访者选择的比例增加了9.3个百分点。从总的情况来看,受访者大都有较好的环保意识和环保观念,但不同政治面貌的受访者间还存在着一定的差距。

(五)上海不同宗教信仰白领关于环保意识的认知状况的差异及历史比较

如图2-26所示,2019年,上海白领的环保意识与宗教信仰有一定的关联。有宗教信仰的受访者选择草地美化环境,应该保护,应始终绕行的比例最高,为92.5%;无宗教信仰的受访者选择始终绕行的比例为85%;而说不清自己有无宗教的受访者选择始终绕行的比例为75.3%。无宗教信仰和说不清自己有无宗教信仰的受访者中,选择"草地就是用来踩的"和"看到有人踩了,我也可能会踩"的比例要高于有宗教信仰的受访者;说不清自己有无宗教信仰的受访者选择"看到有人踩了,我也可能会踩"的比例最高,为16.1%。

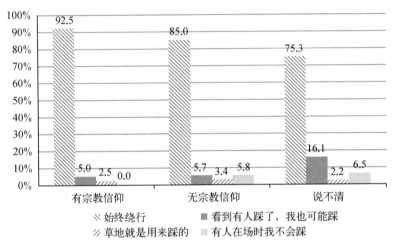

图2-26 2019年上海不同宗教信仰白领面对草地"请勿践踏"标牌时的反应

如图2-27所示,2013年,无宗教信仰的受访者选择草地美化环境,应该保护,应始终绕行的比例最高,为78.7%;有宗教信仰的受访者选择始终绕行的比例为74.1%;而说不清自己有无宗教的受访者选择始终绕行的比例为73.4%。有宗教信仰和说不清自己有无宗教信仰的受访者中,选择"草地就是用来踩的"和"看到有人踩了,我也可能会踩"的比例要高于无宗教信仰的白领,分别为20.1%和22.2%。

对比两组数据可知,2019年,有宗教信仰的白领选择草地美化环境,应该保护,应始终绕行的比例提高幅度最大,提高了18.4个百分点;而说不清自己有无宗教信仰的受访者选择始终绕行的比例上升了1.9个百分点。有宗教信仰受访者选择"草地就是用来踩的"和"看到有人踩了,我也可能会踩"的比例下降幅度

第二章 上海白领人文价值取向状况调查与历史比较

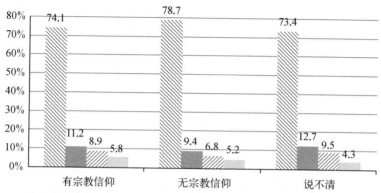

图 2-27 2013年上海不同宗教信仰白领面对草地"请勿践踏"标牌时的反应

最大,达 12.6 个百分点。总的来看,大部分受访者的环保意识较强,但宗教信仰状况不同的受访者之间还是有着一定的差异。

四、上海白领关于审美情趣的认知

(一)上海白领关于审美情趣的认知状况及历史比较

如图 2-28 所示,2019 年,当被问及"选择观看一部影片,你最在意它的什么"时,票房收入、明星阵营、媒体评论这些外在的因素分别只占 8.8%、8.2%、6.8%,共占 25.8%。最在意内涵意蕴和艺术美感、情节趣味和视觉效果的分别

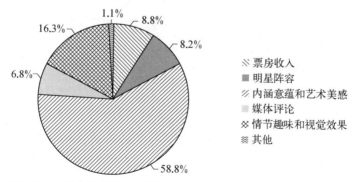

图 2-28 2019年上海白领对"选择观看一部影片,你最在意它的什么"的回答

占到58.8%和16.3%,还有1.1%的人选择"其他"。可以看出,受访者的审美取向以内涵意境与艺术美感为最主要的要素。

如图2-29所示,2013年,当被问及"选择观看一部影片,你最在意它的什么"时,票房收入、明星阵营、媒体评论这些外在的因素分别只占9.1%、15.5%、9.2%,共占33.8%。最在意内涵意蕴和艺术美感、情节趣味和视觉效果的分别占到32.3%和32.8%,还有1%的人选择"其他"。

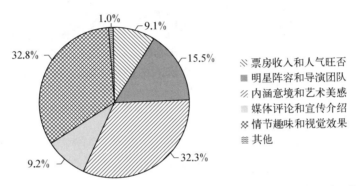

图2-29 2013年上海白领对"选择观看一部影片,你最在意它的什么"的回答

对比两组数据可知,2019年,受访者选择内涵意蕴和艺术美感的比例增加了26.5个百分点,外在因素对受访者的吸引力有所下降,受访者的审美水平更趋高雅化。

(二) 上海不同性别白领关于审美情趣认知状况的差异及历史比较

如图2-30所示,2019年,选择情节趣味和视觉效果的男性受访者为17.3%,而女性受访者为16.4%,男性受访者的选择率要略高于女性受访者。选择内涵意蕴和艺术美感的男性受访者为51.9%,女性受访者为61.2%,女性受访者的选择率明显高于男性受访者。男女受访者对明星阵容的选择率均为8%。值得注意的是,无论男性受访者还是女性受访者,对媒体评价、票房收入等的选择率都较低。

如图2-31所示,2013年,31%的男性受访者选择情节趣味和视觉效果,而女性受访者为34.9%,女性受访者的选择率要略高于男性受访者。男性受访者选择内涵意蕴和艺术美感的比例为33.5%,而女性受访者为

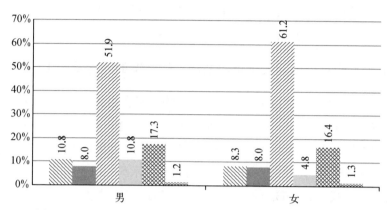

图2-30 2019年上海不同性别白领对"选择观看一部影片,你最在意它的什么"的回答

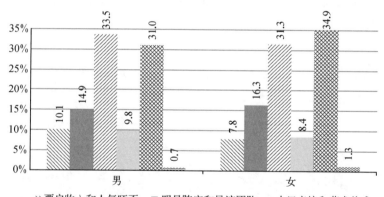

图2-31 2013年上海不同性别白领对"选择观看一部影片,你最在意它的什么"的回答

31.3%,说明男性受访者和女性受访者都有较高的审美趣味。女性受访者对明星阵容和导演团队的选择率要高于男性受访者。值得注意的是,无论男性受访者还是女性受访者,对媒体评价和宣传介绍、票房收入和人气旺否等的选择率都较低。

对比两组数据可知,2019年,男性受访者选择情节趣味和视觉效果的比例下降了13.7个百分点,而女性受访者的选择率下降了18.5个百分点。男性受访者选择内涵意蕴和艺术美感的比例提高了18.4个百分点,而女性受访者的选择率提高了29.9个百分点。男女受访者对明星阵容的选择率分别下降了6.9个百分点和8.3个百分点。

(三) 上海不同年龄白领关于审美情趣认知状况的差异及历史比较

如图2-32所示,2019年,选择情节趣味的受访者以22—31岁年龄段受访者最高,为24.5%,32—41岁年龄段受访者的选择率最低,为13%;选择媒体评论的白领以15—21岁年龄段受访者最高,为17.9%,42—51岁年龄段受访者的选择率最低,为5.9%;选择内涵意蕴和艺术美感的受访者以32—41岁年龄段受访者最高,为63.9%,15—21岁年龄段受访者的选择率最低,仅为28.6%;选择明星阵容以15—21岁年龄段受访者最高,为25%,22—31岁和52岁及以上年龄段受访者的选择率最低,均为6.9%;选择票房收入以15—21岁年龄段受访者最高,为14.3%,32—41岁年龄段受访者的选择率最低,为7.8%。

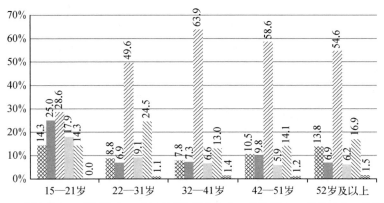

图2-32 2013年上海不同年龄白领对"选择观看一部影片,你最在意它的什么"的回答

如图2-33所示,2013年,在"选择观看一部影片"时,选择情节趣味的受访者以26—35岁年龄段受访者最高,为36.1%,46—55岁年龄段受访者的选择率最低,为17.1%;选择媒体评论的受访者以46—55岁年龄段受访者最高,为14.3%,36—45岁年龄段受访者的选择率最低,为7.5%;选择内涵意蕴和艺术美感的受访者以46—55岁年龄段受访者最高,为47.9%,26—35岁年龄段受访者的选择率最低,仅为27.6%;选择明星阵容以26—35年龄段受访者最高,为

16.3%,46—55岁年龄段受访者的选择率最低,为9.3%;选择票房收入以56岁及以上年龄段受访者最高,为19.6%,20—25岁年龄段受访者的选择率最低,为5.5%。

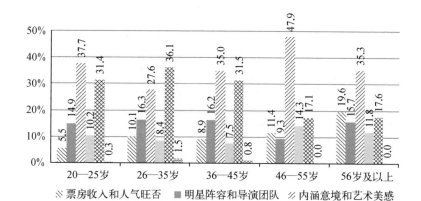

图 2-33 2013年上海不同年龄白领对"选择观看一部影片,你最在意它的什么"的回答

由于统计口径不一,两组数据对比起来有难度。

(四)上海不同政治面貌白领关于审美情趣认知状况的差异及历史比较

如图2-34所示,2019年,政治面貌为共青团员的受访者选择情节趣味的最高,为30.2%,政治面貌为群众的受访者最低,为12.9%;政治面貌为共产党员的受访者选择媒体评论的最高,为15.3%,政治面貌为群众的受访者最低,为5.2%;政治面貌为群众的受访者选择内涵意蕴和艺术美感的最高,为62.5%,政治面貌为民主党派的受访者最低,为36.8%;政治面貌为民主党派的受访者选择明星阵容的最高,为26.3%,政治面貌为群众的受访者最低,为7.6%;政治面貌为群众的受访者选择票房收入的最高,为10.6%,政治面貌为民主党派的受访者没有选择此项的。

如图2-35所示,2013年,政治面貌为共青团员的受访者选择情节趣味的最高,为34.2%,政治面貌为民主党派的受访者最低,为19.4%;政治面貌为民主党派的受访者选择媒体评论的最高,为19.4%,政治面貌为共青团员的受访者最低,为8.8%;政治面貌为民主党派的受访者选择内涵意蕴和艺术美感的最高,为38.7%,政治面貌为共青团员的受访者最低,为30.8%;政治面貌为共青

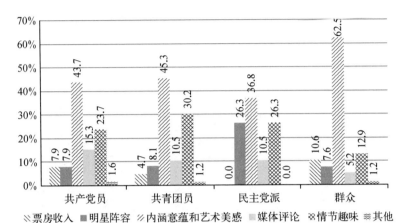

图 2-34 2019 年上海不同政治面貌白领对"选择观看一部影片,你最在意它的什么"的回答

团员的受访者选择明星阵容的最高,为 18.2%,政治面貌为民主党派的受访者最低,为 6.5%;政治面貌为民主党派的受访者选择票房收入的最高,为 12.9%,政治面貌为共青团员的受访者最低,为 7%。

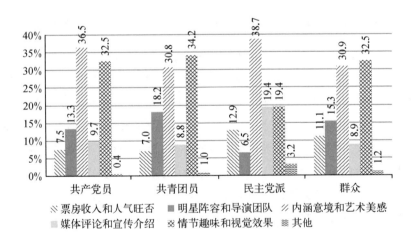

图 2-35 2013 年上海不同政治面貌白领对"选择观看一部影片,你最在意它的什么"的回答

对比两组数据可知,2019 年,政治面貌为共青团员的受访者选择情节趣味的最高,但也比 2013 年下降了 4 个百分点;政治面貌为共产党员的受访者选择媒体评论的最高,比 2013 年提高了 5.6 个百分点;政治面貌为群众的受访者选

第二章　上海白领人文价值取向状况调查与历史比较

择内涵意蕴和艺术美感的最高,比2013年大幅提升了31.6个百分点;政治面貌为民主党派的受访者选择明星阵容的最高,比2013年大幅提升了19.8个百分点;政治面貌为群众的受访者选择票房收入的最高,但也比2013年下降了0.5个百分点。

(五) 上海不同月收入白领关于审美情趣认知状况的差异及历史比较

如图2-36所示,2019年,选择情节趣味的受访者以月收入为2 001—3 000元受访者最高,为31.9%,月收入为7 001—10 000元受访者最低,为11.2%;选择媒体评论的受访者以月收入为1 001—2 000元受访者最高,为26.7%,月收入为7 001—10 000元受访者最低,为5.8%;选择内涵意蕴和艺术美感的受访者以月收入为7 001—10 000元受访者最高,为68.3%,月收入为1 001—2 000元受访者最低,为33.3%;选择明星阵容的以月收入为1 000元及以下受访者最高,为10.5%,月收入为7 001—10 000元受访者最低,为5.6%;选择票房收入以月收入为3 001—5 000元受访者最高,为11.5%,月收入为2 001—3 000元受访者最低,为6.4%。

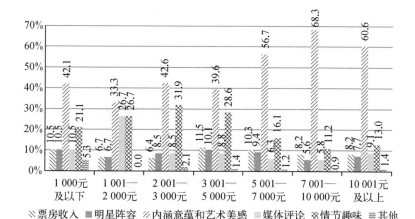

图2-36　2019年上海不同月收入白领对"选择观看一部影片,你最在意它的什么"的回答

如图2-37所示,2013年不同月收入的受访者对情节趣味和视觉效果、内涵意蕴和艺术美感的选择率较高;其中,月收入在5 000元及以下和50 001元及以上的受访者对情节趣味和视觉效果的选择率相对较高,均在36%以上;月收入

为50 001元及以上的受访者对此的选择率是最高的,为40.9%;月收入在10 001—20 000元受访者的选择率则相对较低,为28.9%。月收入在5 001—50 000元的受访者对影片的内涵意蕴和艺术美感的选择率是最高的,均超过32%。值得注意的是,受访者对明星阵容和导演团队的选择率较高,均超过13%。

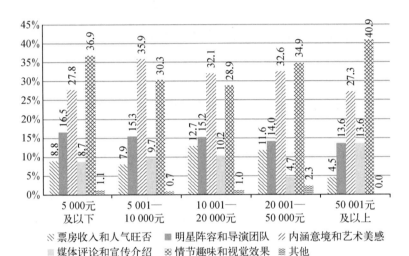

图2-37　2013年上海不同月收入白领对"选择观看一部影片,你最在意它的什么"的回答

由于统计口径不一,两组数据对比起来有难度。

五、上海白领关于公共道德修养的认知

(一)上海白领关于公共道德修养的认知状况及历史比较

如图2-38所示,2019年,当看见摔倒在地上的老人时,有74%的受访者选择直接扶起老人;18.3%的受访者表示在有人作证的情况下愿意上前扶,6.3%的受访者表示从来不管闲事。可以看出,大部分受访者还是愿意对弱势群体伸出援手的。

如图2-39所示,2013年,当看见摔倒在地上的老人时,有55.3%的受访者选择直接扶起老人;29.3%的受访者表示在有人作证的情况下愿意上前扶,10%的受访者表示从来不管闲事。

第二章　上海白领人文价值取向状况调查与历史比较

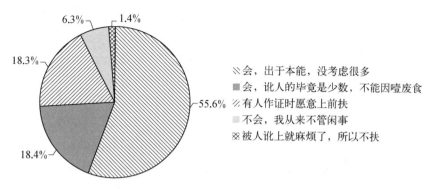

图 2-38　2019 年上海白领对是否扶老人的选择

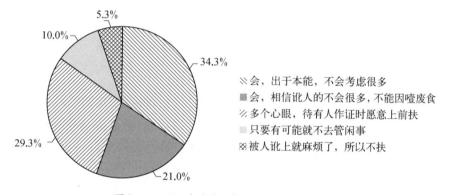

图 2-39　2013 年上海白领对是否扶老人的选择

对比两组数据可知,2019 年,受访者中直接选择扶起老人的比例从 55.3%升至 74%,不愿扶的选择率由 15.3%下降到了 7.7%,显示受访者中具有较好公共道德修养的人群比例在不断上升,也显示社会的信任环境也在不断好转。

(二)上海不同性别白领关于公共道德修养认知状况的差异及历史比较

如图 2-40 所示,2019 年,对"摔倒老人扶不扶"的问题,男性受访者中有 66.2%的受访者选择直接扶起老人,24.2%的受访者在有人作证的情况下愿意上前扶,8.4%的受访者表示从来不管闲事;女性受访者中有 80.3%的受访者选择直接扶起老人,13.6%的受访者在有人作证的情况下愿意上前扶,4.5%的受访者表示从来不管闲事。可以看出,女性受访者比男性受访者对弱势群体更加

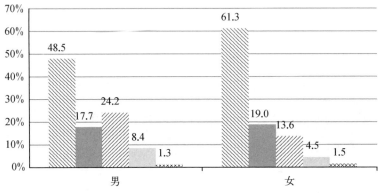

图 2-40 2019 年上海不同性别白领对是否扶老人的选择

关爱。

如图 2-41 所示，2013 年，对"摔倒老人扶不扶"的问题，受访者的态度基本没有性别上的差异。男性受访者中有 55.1% 的受访者选择直接扶起老人，29.3% 的受访者在有人作证的情况下愿意上前扶，5.9% 和 9.7% 的受访者因为被负面情况所影响或从来不管这些事，不会去扶老人；女性受访者中有 55.5% 的受访者选择直接扶起老人，29.2% 的受访者在有人作证的情况下愿意上前扶，

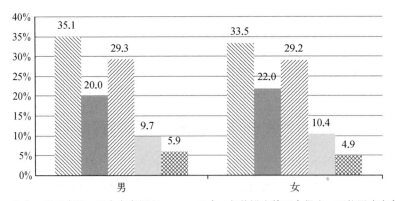

图 2-41 2013 年上海不同性别白领对是否扶老人的选择

4.9%和10.4%的受访者因为被负面情况所影响或从来不管这些事,不会去扶老人。

对比两组数据可知,2019年,受访者中选择出于本能会扶老人的比例有很大幅度的提升,特别是女性受访者的选择率提升了24.8个百分点。

(三)上海不同年龄白领关于公共道德修养认知状况的差异及历史比较

如图2-42所示,2019年,当看见摔倒在地上的老人时,各年龄段受访者中较多数人都选择直接扶起老人或者在有人作证的情况下愿意上前扶起老人。选择这两项行为的,在15—21岁的受访者中占比54.5%和18.2%,在22—31岁的受访者中占比64.8%和28%,在32—41岁的受访者中占比81.1%和13.7%,在42—51岁的受访者中占比77.4%和13.7%,在52岁及以上的受访者中占比73.9%和12.3%。可以看出,相对而言,32—41岁的受访者更愿意对弱势群体主动伸出援手。

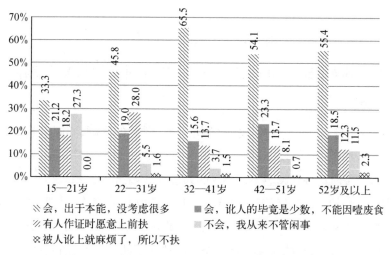

图2-42 2019年上海不同年龄白领对是否扶老人的选择

如图2-43所示,2013年,对"摔倒老人扶不扶"的问题,不同年龄段受访者的态度有较大的差异。46岁及以上的受访者中有六成左右的受访者表示会出于本能去扶起老人,不会考虑很多其他东西,而26—35岁的受访者中仅有30.1%出于本能会去扶老人。但不愿扶或不愿管这些事的受访者在45岁及以

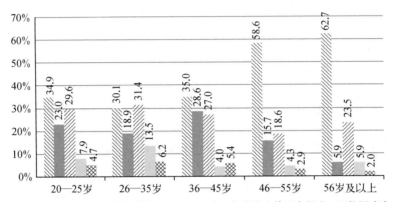

图 2-43 2013 年上海不同年龄白领对是否扶老人的选择

下各年龄段中占比在 9.4%—19.7% 之间，46 岁及以上受访者中仅占 7.2%—7.9%。

由于统计口径不一，两组数据对比起来有难度。

（四）上海不同宗教信仰白领关于公共道德修养认知状况的差异及历史比较

如图 2-44 所示，2019 年，对"摔倒老人扶不扶"的问题，不同宗教信仰受访者的态度大致是：有宗教信仰的受访者中，82% 的人直接选择帮扶，12.2% 的人会在有人作证时选择扶起老人，5.8% 的人表示"从来不管闲事"。无宗教信仰的受访者中，74% 的人选择直接扶起老人，19.4% 的人会在有人作证时选择扶起老人，5.1% 的人表示"从来不管闲事"。说不清宗教信仰的受访者中，68% 的人选择直接扶起老人，16% 的人会在有人作证时选择帮扶，13.9% 的人表示"从来不管闲事"。可以看出，相比而言，有宗教信仰的受访者更倾向于对摔倒老人伸出援手。

如图 2-45 所示，2013 年，对"摔倒老人扶不扶"的问题，不同宗教信仰受访者的态度有较大的差异。有宗教信仰的受访者中，55.2% 的人选择直接扶起老人，无宗教信仰的受访者中，54.3% 的人选择直接扶起老人，说不清宗教信仰的

第二章 上海白领人文价值取向状况调查与历史比较

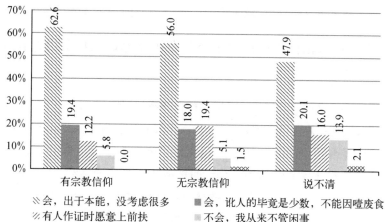

图 2-44　2019 年上海不同宗教信仰白领对是否扶老人的选择

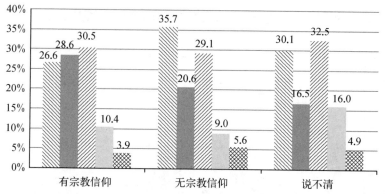

图 2-45　2013 年上海不同宗教信仰白领对是否扶老人的选择

受访者中,46.6% 的人选择直接扶起老人。对于说不清自己是否有宗教信仰的受访者中有近 21% 的人表示不愿扶或"不去管闲事"。

对比两组数据可知,2019 年,不同宗教信仰受访者的社会公共道德修养都有了不同程度的提升,其中尤其是选择直接扶起老人的比例有了显著提高。有宗教信仰的受访者中,选择直接扶起老人的比例提高了 26.8 个百分点;无宗教信仰的受访者中,选择直接扶起老人的比例提高了 19.7 个百分点;说不清宗教信仰的受访者中,选择直接扶起老人的比例提高了 21.4 个百分点。

(五) 上海不同政治面貌白领关于公共道德修养认知状况的差异及历史比较

如图 2-46 所示,2019 年,对"摔倒老人扶不扶"的问题,不同政治面貌受访者的态度大致是:共产党员中,56.7%的人选择直接扶起老人,40.8%的人在有人作证时选择帮扶,2.1%的人表示"从来不管闲事"。共青团员中,72%的人选择直接扶起老人,19%的人在有人作证时选择扶起老人,6.2%的人表示"从来不管闲事"。民主党派中,61.9%的人选择直接扶起老人,23.8%的人在有人作证时选择扶起老人,14.3%的人表示"从来不管闲事"。群众中,79.6%的人选择直接扶起老人,11.7%的人在有人作证时选择扶起老人,7.3%的人表示"从来不管闲事"。可以看出,相比而言,群众更倾向于对摔倒老人直接伸出援手,而共产党员表现出最高的警惕性,但总体而言,大多数人还是愿意帮助老人的。

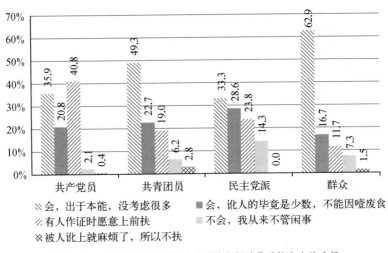

图 2-46 2019 年上海不同政治面貌白领对是否扶老人的选择

如图 2-47 所示,2013 年,对"摔倒老人扶不扶"的问题,不同政治面貌受访者的态度的差异不是太大。总体上讲,表示不愿扶或不愿管这些事的共产党员比例最低,为 12.4%,共青团员为 14.9%,而民主党派为 22.6%,普通群众为 17.5%。

第二章 上海白领人文价值取向状况调查与历史比较

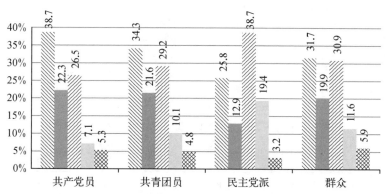

图2-47 2013年上海不同政治面貌白领对是否扶老人的选择

对比两组数据可知,2019年,政治面貌为民主党派和群众的受访者选择直接扶起老人的比例有了显著提高,分别提高了23.2个百分点和28个百分点,说明其社会道德水平明显提升。

六、上海白领关于成功观的认知

(一)上海白领关于成功观的认知状况及历史比较

如图2-48所示,2019年,上海白领把自身能力、性格看成是自己成功的最关键因素,而把社会环境看成是自己遭遇挫折的主要因素。在列举获得成功的关键因素中,43.2%的受访者认为是因为自己的能力和性格,18.3%的受访者认为是社会环境,18%的受访者认为靠机遇,3%的受访者认为是有/无贵人相助决定的,10.4%的人将它归结于家庭条件。在列举自己遭遇挫折时的最主要原因时,29.8%的受访者认为是自己能力、性格所致,38.1%的受访者认为是社会环境造成的,9.2%的受访者认为是机遇不好,10.8%和7.2%的受访者将它归结于潜规则和家庭条件。

这说明受访者在对自己的成功或挫折进行归因时存在一定的认识特点:成功首先靠自己,但社会环境与机遇也有相当影响;挫折首先离不开社会环境因素,但与自身原因也同样密不可分。

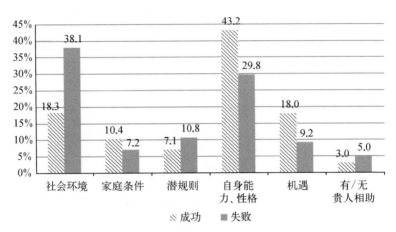

图 2-48 2019 年上海白领对获得成功和遭遇挫折的最重要因素的选择

如图 2-49 所示,2013 年,上海白领把自身能力、性格或机遇看成是自己成功与失败的最关键因素,自身因素在成功与失败中均为首要因素,表明受访者的自主能力和自我负责意识比较成熟。在列举获得成功的关键因素中,50%的受访者认为是因为自己的能力和性格;23.2%的受访者认为靠机遇,9.6%的受访者认为是有/无贵人相助决定的。在列举导致自己遭遇挫折的最主要原因时,37.3%的受访者认为是因为自己的能力和性格,18.2%的受访者认为是机遇不好,17.3%的受访者认为是社会的潜规则造成的。这说明受访者在对自己的成

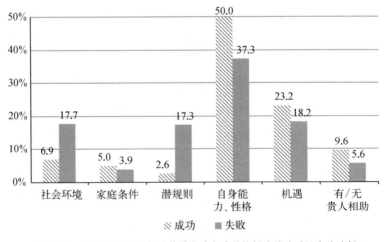

图 2-49 2013 年上海白领对获得成功和遭遇挫折的最重要因素的选择

功与挫折进行归因时存在一定的认识特点：成功多靠自己,挫折多因社会环境、潜规则、机遇等外在因素。

对比两组数据可知,2019年,关于成功与挫折的最关键因素问题,受访者在认识上开始更多关注社会环境的影响,而不像以往单单只关注自身原因。同时有/无贵人相助这一因素的选择率下降了,说明所谓"贵人"的社会影响力下降了。

（二）上海不同性别白领关于成功观认知状况的差异及历史比较

如图2-50所示,2019年,上海不同性别白领在看待影响成功的因素时,选择能力和性格的男性受访者有38.6％,女性受访者有50.3％,女性选择此项的比例远高于男性；选择机遇的男性受访者有17.3％,女性受访者有20.1％,女性选择此项的比例高于男性；选择有/无贵人相助的男性受访者有3.5％,女性受访者有2.8％,女性选择此项的比例略低于男性；选择家庭条件的男性受访者有14.2％,女性受访者有7.1％,女性选择此项的比例远低于男性；选择社会环境的男性受访者有22.3％,女性受访者有17.6％,女性选择此项的比例低于男性。

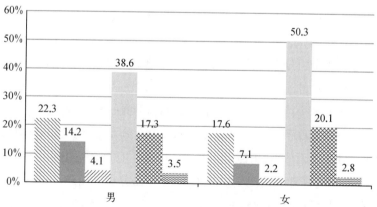

图2-50　2019年上海不同性别白领看待成功的态度

如图2-51所示,2013年,在看待影响成功的因素时,50.4％的男性受访者选择能力和性格,女性受访者有52.4％。22.5％的男性受访者选择机遇,女性受访者有 25.4%。在男女受访者中均有 10% 左右的人选择有/无贵人相助。在男女受访者中,还有少部分人选择社会环境、家庭条件和潜规则等因素。从总的情况来看,大部分受访者都能够正确看待影响成功的因素,认为主要还是依靠自身的能力和性格,这一点,女性受访者比男性受访者的选择率要高;同时,受访者也综合考虑了社会环境、机遇和家庭条件等外在因素。

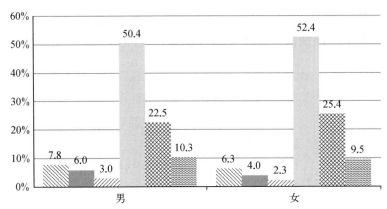

图 2-51 2013 年上海不同性别白领看待成功的态度

对比两组数据可知,2019 年,不同性别受访者在看待影响成功的因素时,男性受访者选择能力和性格的比例下降了 11.8 个百分点,女性受访者选择此项的比例下降了 2.1 个百分点;男性受访者选择机遇的比例下降了 5.2 个百分点,女性受访者选择此项的比例下降了 5.3 个百分点;男性受访者选择有/无贵人相助的比例下降了 6.8 个百分点,女性受访者选择此项的比例下降了 6.7 个百分点;男性受访者选择家庭条件的比例提高了 8.2 个百分点,女性受访者选择此项的比例提高了 3.1 个百分点,男性受访者选择社会环境的比例提高了 14.5 个百分点,女性受访者选择此项的比例提高了 11.3 个百分点。由此,可以看到在受访者中出现了一种倾向,越来越多的受访者认为影响个人成功的主要因素取决于客观因素,如家庭条件、社会环境等。

如图 2-52 所示,2019 年,上海不同性别白领在总结导致失败或挫折的因素时,男性受访者选择能力和性格的有 29.9%,女性受访者有 29.4%;男性受访者选择机遇的有 12.6%,女性受访者有 8.1%;男性受访者选择有/无贵人相助的有6%,女性受访者有4.8%;男性受访者选择家庭条件的有9.2%,女性受访者有6.4%;男性受访者选择社会环境的有35.4%,女性受访者有45.5%。

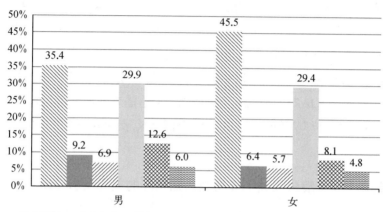

图2-52 2019年上海不同性别白领看待失败或挫折的态度

如图2-53所示,2013年,在总结导致失败或挫折的因素时,37.1%的男性受访者选择能力和性格,女性受访者有37.6%。在这一点上,男性受访者和女性受访者的选择率差异不大。17.5%的男性受访者选择机遇,而女性受访者有19%。男女受访者中均有一定比例的人选择社会环境。值得注意的是,有超过

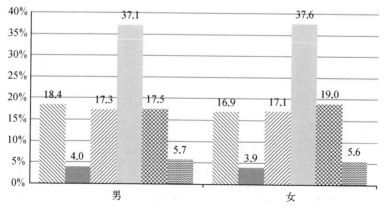

图2-53 2013年上海不同性别白领看待失败或挫折的态度

17%的男女受访者选择潜规则。这说明,较多男女受访者都将自己的失败或挫折归结于客观外在原因,很少从自身找原因。

对比两组数据可知,2019年,受访者在总结导致失败或挫折的因素时,男性受访者选择能力和性格的比例下降了7.2个百分点,女性受访者的选择率下降了8.2个百分点;男性受访者选择机遇的比例下降了4.9个百分点,女性受访者的选择率下降了10.9个百分点;男性受访者选择有/无贵人相助的比例下降了0.3个百分点,女性受访者的选择率上升了0.8个百分点;男性受访者选择家庭条件的比例下降了5.2个百分点,女性受访者的选择率下降了2.5个百分点;男性受访者选择社会环境的比例提高了17个百分点,女性受访者的选择率提高了28.6个百分点。

(三) 上海不同年龄白领关于成功观认知状况的差异及历史比较

如图2-54所示,2019年,不同年龄段白领在看待影响成功的因素时,选择能力和性格占比最高的是32—41岁年龄段受访者,为46.4%,其次是22—31岁年龄段受访者,为46.1%,再次是42—51岁年龄段受访者,为45.3%;选择机遇占比最高的是32—41岁年龄段受访者,为20.8%,其次是22—31岁年龄段受访者,为19.2%,再次是42—51岁年龄段受访者,为18%;选择有/无贵人相助占比最高的是15—21岁年龄段受访者,为17.9%,其次是52岁及以上年龄段受访

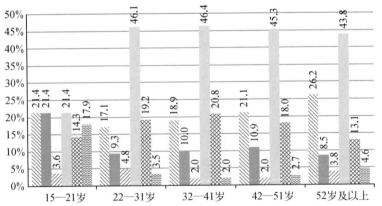

图2-54 2019年上海不同年龄白领看待成功的态度

者,为 4.6%,再次是 22—31 岁年龄段受访者,为 3.5%;选择家庭条件占比最高的是 15—21 岁年龄段受访者,为 21.4%,其次是 42—51 岁年龄段受访者,为 10.9%,再次是 32—41 岁年龄段受访者,为 10%;选择社会环境占比最高的是 52 岁及以上年龄段受访者,为 26.2%,其次是 15—21 岁年龄段受访者,为 21.4%,再次是 42—51 岁年龄段受访者,为 21.1%。

如图 2-55 所示,2013 年,在看待成功的因素时,20—45 岁的受访者中有超过一半的人都选择能力、性格;其中,20—25 岁的受访者中选择此项的比例最高,为 54.8%。46 岁及以上受访者中选择此项的比例相对较低,尤其是在 56 岁及以上受访者中选择此项的比例更低。此外,不同年龄受访者中均有 30%以上的人选择机遇和有/无贵人相助(两项之和);值得注意的是,年龄在 56 岁及以上的受访者中有 24.5%的人选择有/无贵人相助。总体上看,年龄较大的受访者更看重外在因素,对内在因素的关注相对较少。

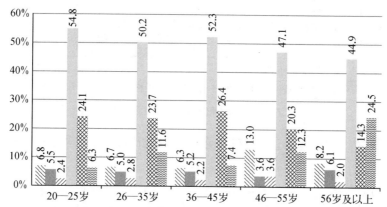

图 2-55　2013 年上海不同年龄白领看待成功的态度

由于统计口径不一,两组数据对比起来有难度。

如图 2-56 所示,2019 年,不同年龄段白领在总结导致失败或挫折的因素时,选择能力和性格占比最高的是 42—51 岁年龄段受访者,为 35.5%,其次是 22—31 岁年龄段受访者,为 32.3%,再次是 52 岁及以上年龄段受访者,为 26.9%;选择机遇占比最高的是 15—21 岁年龄段受访者,为 17.9%,其次是 22—31 岁年龄段受访者,为 12.8%,再次是 42—51 岁年龄段受访者,为 9.8%;

选择有/无贵人相助占比最高的是15—21岁年龄段受访者,为21.4%,其次是52岁及以上年龄段受访者,为13.1%,再次是42—51岁年龄段受访者,为6.6%;选择家庭条件占比最高的是15—21岁年龄段受访者,为10.7%,其次是22—31岁年龄段受访者,为9.9%,再次是32—41岁年龄段受访者,为7.3%;选择社会环境占比最高的是32—41岁年龄段受访者,为49.1%,其次是52岁及以上年龄段受访者,为42.3%,再次是42—51岁年龄段受访者,为35.9%。

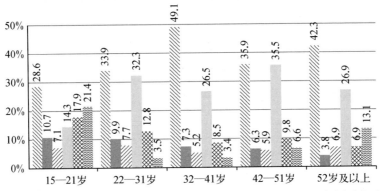

图2-56 2019年上海不同年龄白领看待失败或挫折的态度

如图2-57所示,2013年,在遭受失败或挫折时,20—25岁、46—55岁的受

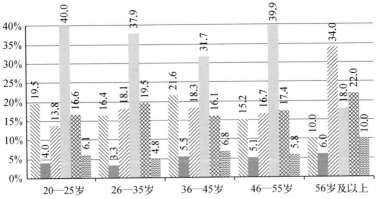

图2-57 2013年上海不同年龄白领看待失败或挫折的态度

访者中有40%左右的人选择能力、性格;而26—35岁、36—45岁和56岁及以上的受访者中选择此项的比例相对较低,其中,56岁及以上的受访者选择此项的比例最低,仅为18%。可以看出,各年龄段的很多受访者都在自身以外寻找失败的原因,将失败的原因归结于各种客观因素。

由于统计口径不一,两组数据对比起来有难度。

(四)上海不同政治面貌白领关于成功观认知状况的差异及历史比较

如图2-58所示,2019年,上海不同政治面貌白领在看待影响成功的因素时,选择能力和性格占比最高的是共产党员受访者,为50.5%,其次是群众受访者,为44.9%,再次是共青团员受访者,为43%;选择机遇占比最高的是共青团员受访者,为19.8%,其次是共产党员受访者,为19.5%,再次是群众受访者,为18.8%;选择有/无贵人相助的占比都不高,均在4%以下;选择家庭条件占比最高的是民主党派受访者,为15.8%,其次是共青团员受访者,为14%,再次是共产党员受访者,为11.1%;选择社会环境占比最高的是民主党派受访者,为31.6%,其次是群众受访者,为21.2%,再次是共青团员受访者,为18.6%。

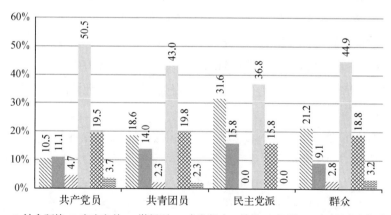

图2-58 2019年上海不同政治面貌白领看待成功的态度

如图2-59所示,2013年,在看待成功的因素时,政治面貌为共产党员、共青团员和普通群众的受访者中均有超过48%的人选择能力、性格,其中,共产党员受访者对这一观点的选择率为 60.4%,而政治面貌为民主党派的受访者对此的选择率仅为 30%。不同政治面貌的受访者中都有相当比例的人选择机遇、有/无贵人相助和社会环境件等外在因素,尤其是民主党派受访者中,有 50% 的人选择机遇。

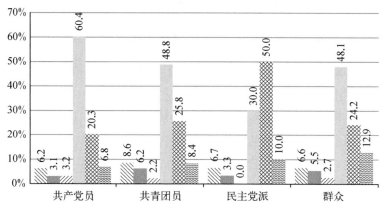

图 2-59　2013 年上海不同政治面貌的白领看待成功的态度

对比两组数据可知,2019 年,上海不同政治面貌白领在看待影响成功的因素时,选择能力和性格的共产党员受访者比例下降幅度最大,下降了 9.9 个百分点;选择靠机遇的共青团员受访者比例下降了 6 个百分点,而民主党派受访者对此的选择率下降幅度最大,达到了 34.2 个百分点。选择家庭条件的民主党派受访者比例提高幅度最大,提升了 12.5 个百分点;选择社会环境的民主党派受访者比例提升了 24.9 个百分点。

如图 2-60 所示,2019 年,上海不同政治面貌白领在总结导致失败或挫折的因素时,选择能力和性格占比最高的是民主党派受访者,为 42.1%,其次是共产党员受访者,为 37.9%,再次是共青团员受访者,为 37.2%;选择机遇占比最高的是共青团员受访者,为 15.7%,其次是共产党员受访者,为 14.7%,再次是群众受访者,为 8.1%;选择有/无贵人相助占比最高的是群众受访者,为 5.9%,其次是共青团员受访者,为 5.2%,再次是共产党员受访者,为 3.2%;选择家庭条件占比最高的是民主党派受访者,为 10.5%,其次是共青团员受访者,为 8.7%,再次是群众受访者,为 7.4%;选择社会环境占比最高的是群众受访者,为

47.2%,其次是共产党员受访者,为28.4%,再次是民主党派受访者,为26.3%。

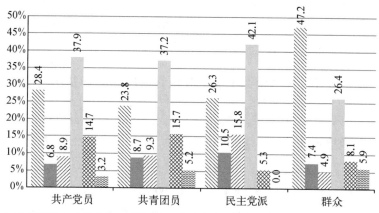

图 2-60　2019 年上海不同政治面貌白领看待失败或挫折的态度

如图 2-61 所示,2013 年,在总结导致个人失败或挫折的因素时,有 35% 以上的政治面貌是共产党员、共青团员、民主党派和普通群众的受访者选择能力和性格,其中,在政治面貌为民主党派的受访者中持这种观点的比例最高,为 40%,而政治面貌为群众的受访者选择此项的比例最低,为 35.6%。不同政治面貌的受访者除了在自身找原因外,更多的是寻找外在的原因。这四类政治面貌的受访者中均有超过一半以上的人认为失败或挫折与社会环境、机遇和潜规

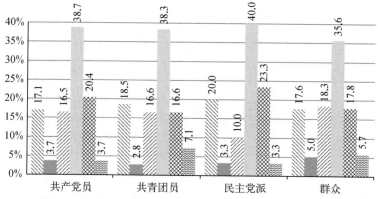

图 2-61　2013 年上海不同政治面貌白领看待失败或挫折的态度

则(三项总和)有关。

对比两组数据可知,2019年,上海不同政治面貌白领在总结导致失败或挫折的因素时,选择社会环境一项的比例均有所提高,特别是政治面貌为群众的受访者,选择此项的比例大幅提高了近30个百分点。

(五) 上海不同月收入白领关于成功观认知状况的差异及历史比较

如图2-62所示,2019年,上海不同月收入白领在看待影响成功的因素时,选择能力和性格占比最高的是5 001—7 000元的受访者,为57.7%,其次是2 001—3 000元的受访者,为48.9%,再次是3 001—5 000元的受访者,为46.5%;选择机遇占比最高的是1 001—2 000元的受访者,为26.7%,其次是7 001—10 000元的受访者,为25.6%,再次是10 001元及以上的受访者,为24.5%;选择有/无贵人相助占比最高的是3 001—5 000元的受访者,为6%,其次是1 000元及以下的受访者,为5.3%,再次是5 001—7 000元的受访者,为3.1%;选择家庭条件占比最高的是1 001—2 000元的受访者,为26.7%,其次是2 001—3 000元的受访者,为12.8%,再次是3 001—5 000元和10 001元及以上的受访者,均为11.5%;选择社会环境占比最高的是1 000元及以下的受访者,为52.6%,其次是7 001—10 000元的受访者,为25.6%,再次是10 001元及以上的受访者,为23.1%。

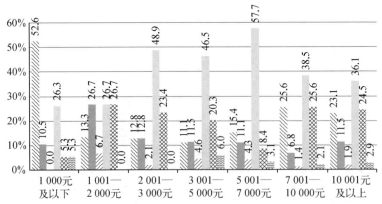

图2-62 2019年上海不同月收入水平白领看待成功的态度

如图 2-63 所示,2013 年,在看待个人成功的因素时,不同月收入的受访者之间存在一定的区别。不同月收入的受访者中均有 40% 以上的人选择能力、性格,其中,月收入在 20 001—50 000 的受访者中选择能力、性格的比例最高,为 64.3%;月收入在 5 001—10 000 元的受访者中选择此项的比例也较高,仅次于月收入在 20 001—50 000 的受访者。可以看出,不同月收入的受访者中有 20% 以上的人选择机遇,其中,月收入在 50 001 元及以上的受访者中选择此项的比例最高,为 40.9%。

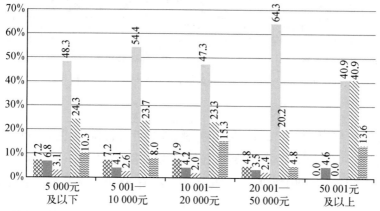

图 2-63　2013 年上海不同月收入水平白领看待成功的态度

如图 2-64 所示,2019 年,上海不同月收入白领在总结导致失败或挫折的因素时,选择能力和性格占比最高的是 2 001—3 000 元的受访者,为 48.9%,其次是 3 001—5 000 元的受访者,为 35%,再次是 1 001—2 000 元的受访者,为 33.3%;选择机遇占比最高的是 3 001—5 000 元的受访者,为 14.3%,其次是 1 001—2 000 元的受访者,为 13.3%,再次是 10 001 元及以上的受访者,为 13.0%;选择有/无贵人相助占比最高的是 3 001—5 000 元的受访者,为 9.7%,其次是 5 001—7 000 元的受访者,为 6.7%,再次是 1 000 元及以下的受访者,为 5.3%;选择家庭条件占比最高的是 5 001—7 000 元的受访者,为 9.9%,其次是 3 001—5 000 元的受访者,为 9.2%,再次是 1 001—2 000 元的受访者,为 6.7%;选择社会环境占比最高的是 1 000 元及以下的受访者,为 52.6%,其次是 7 001—10 000 元的受访者,为 49.7%,再次是 10 001 元及以上的受访者,为

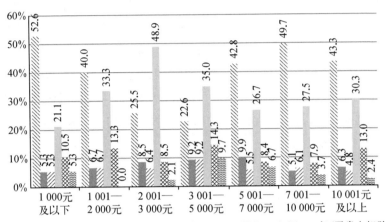

图 2-64 2019 年上海不同收入水平白领看待失败或挫折的态度

43.3%。

如图 2-65 所示,2013 年,在看待失败或挫折时,月收入在 20 000 元及以下的受访者中不到 40% 的受访者选择能力和性格,而更多的受访者选择外在因素。月收入在 50 001 元及以上的受访者中有 63.6% 的受访者选择能力、性格。

由于统计口径不一,两组数据对比起来有难度。

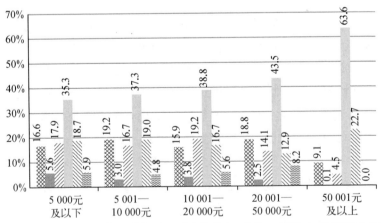

图 2-65 2013 年上海不同收入水平白领看待失败或挫折的态度

七、上海白领关于人道观念或人道精神的认知

(一)上海白领关于人道观的认知状况及历史比较

如图2-66所示,2019年,关于"一个小偷被居民殴打,你如何看待这一事件"的态度,有41.9%的受访者认同"小偷很可恶,被打是罪有应得"的观念,有31.5%的受访者认同"小偷也是人,我们不应该殴打他"的观念,有26.6%受访者持中间态度。

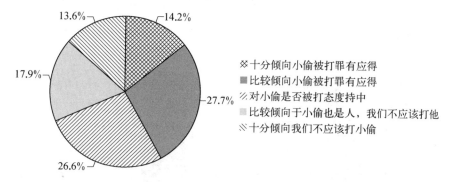

图2-66 2019年上海白领关于"一个小偷被居民殴打,你如何看待这一事件?"的态度

如图2-67所示,2013年,有25.4%的受访者认同"小偷很可恶,被打是罪有应得"的观念,有52.6%的受访者认同"小偷也是人,我们不应该殴打他"的观念,选择持中的比例为22%。

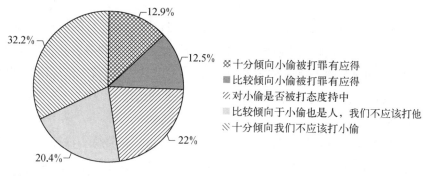

图2-67 2013年上海白领关于"一个小偷被居民殴打,你如何看待这一事件?"的态度

对比两组数据可知,2019 年,受访者对小偷的憎恶程度提高了,有更多的受访者认为其被殴打是罪有应得,比 2013 年时的认同度增加了 16.5 个百分点,而持中态度的比例未见明显变化。

(二) 上海不同性别白领关于人道观认知状况的差异及历史比较

如图 2-68 所示,2019 年,不同性别白领在看待小偷被打的问题上,男性受访者中 26.2%的人倾向不应该去殴打,小偷也是人,应该要尊重其人格;女性受访者中有 27.9%的人倾向不应该殴打小偷,在此问题上男女性别差别不大。在对小偷被打持居中态度的选择上,男性受访者也与女性受访者差不多。

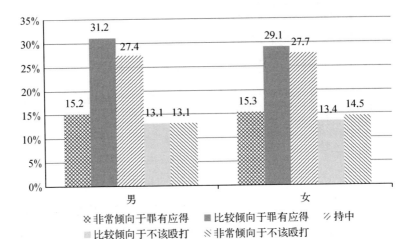

图 2-68 2019 年上海不同性别白领关于"一个小偷被居民殴打,你如何看待这一事件?"的态度

如图 2-69 所示,2013 年,不同性别白领在看待小偷被打的问题上,男性受访者中 50.3%的人倾向不应该去殴打,小偷也是人,应该要尊重其人格;女性受访者中有 56.4%的人倾向不应该殴打小偷,显然男性受访者中这样的倾向比例要低于女性受访者,但在对小偷被打持居中态度的选择上,男性受访者要高于女性受访者。

对比两组数据可知,2019 年,上海不同性别白领在看待小偷被打的问题上出现了较大的变化。男性受访者倾向不应该去殴打,小偷也是人,认同应该要尊重其人格的比例大幅下降了 24.1 个百分点;女性受访者的这一比例下降了

第二章　上海白领人文价值取向状况调查与历史比较

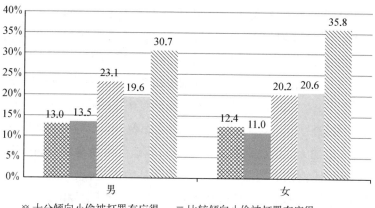

图 2-69　2013 年上海不同性别白领关于"一个小偷被居民殴打，你如何看待这一事件？"的态度

28.5 个百分点。究竟是什么原因使得受访者认同小偷被打是罪有应得的比例大幅升高，值得关注。

（三）上海不同政治面貌白领关于人道观认知状况的差异及历史比较

如图 2-70 所示，2019 年，不同政治面貌白领在看待小偷被打的问题上，倾

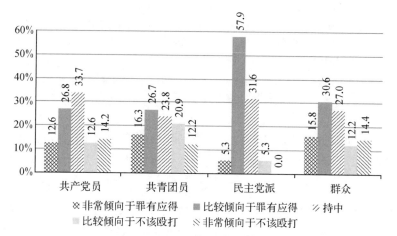

图 2-70　2019 年上海不同政治面貌白领关于"一个小偷被居民殴打，你如何看待这一事件？"的态度

向不应该去殴打,小偷也是人,应该要尊重其人格占比最高的是共青团员受访者,为33.1%,其次是共产党员受访者,为26.8%,再次是群众受访者,为26.6%;认为小偷是罪有应得占比最高的是民主党派受访者,为63.2%。

如图2-71所示,2013年,政治面貌对上海白领的人道精神影响不大。政治面貌为共产党员、民主党派、共青团员和群众的受访者中明确倾向不应该殴打小偷的比例相对较高,均在50%上下;其中,政治面貌为共产党员的受访者中倾向不应该殴打小偷的比例是最高的,为59.7%,而政治面貌是群众的受访者倾向不该殴打小偷的比例相对较低,为49%。值得注意的是,政治面貌为普通群众的受访者中倾向殴打小偷的比例要高于共产党员、共青团员和民主党派的受访者。总之,不同政治面貌的受访者中的大部分人都具备了一定的人道精神。

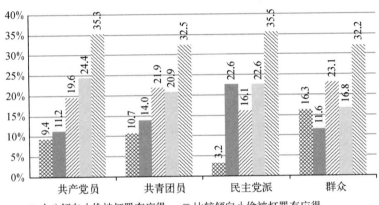

图2-71　2013年上海不同政治面貌白领关于"一个小偷被居民殴打,你如何看待这一事件?"的态度

对比两组数据可知,2019年,上海不同政治面貌白领在看待小偷被打的问题上,倾向不应该去殴打,小偷也是人,选择应该要尊重其人格的比例均出现了比较大幅的下降。民主党派受访者下降幅度最大,达到52.8个百分点;其次是共产党员受访者下降幅度达32.9个百分点;再次是群众受访者下降幅度达22.4个百分点。究竟是什么原因使得受访者选择小偷被打是罪有应得的比例大幅升高,值得关注。

（四）上海不同居住地白领关于人道观认知状况的差异及历史比较

如图 2-72 所示，2019 年，不同居住地白领在看待小偷被打的问题上，居住地为城镇的受访者中有 27.7% 的人倾向不应该去殴打，小偷也是人，应该要尊重其人格；居住地为农村的受访者中有 24.1% 的人倾向不应该殴打小偷，居住地为城镇的受访者的选择率略高于居住地为农村的受访者。对于小偷是罪有应得，居住地为农村的受访者选择率明显高于居住地为城镇的受访者，分别为 53.9% 和 43.8%。

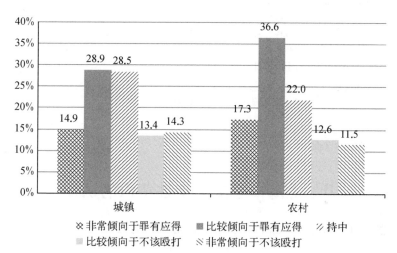

图 2-72　2019 年上海不同居住地白领关于"一个小偷被居民殴打，你如何看待这一事件？"的态度

如图 2-73 所示，2013 年，在看待小偷被打的问题上，居住地为城镇的受访者中有 53% 的人明确倾向于我们不应该殴打小偷，而居住地为农村的受访者中有 44% 的人持同样的观点，可以看出，居住地为城镇和农村的受访者中持这样观点的比例的差距较大。居住地在城镇的受访者中有 25% 的人明确倾向小偷被打罪有应得，而居住地为农村的受访者中持这样观点的比例有 31.3%。

对比两组数据可知，2019 年，居住地为城镇的受访者倾向不应该去殴打，小偷也是人，选择应该要尊重其人格的比例大幅下降了 25.3 个百分点；居住地为农村的受访者对此的选择率下降了 19.9 个百分点。值得注意的是，居住地为农

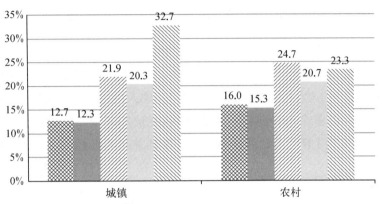

图2-73 2013年上海不同居住地白领关于"一个小偷被居民殴打,你如何看待这一事件?"的态度

村的受访者选择小偷罪有应得的比例提高了22.6个百分点。

八、上海白领关于个性意识的认知

(一) 上海白领关于个性意识的认知状况及历史比较

如图2-74所示,2019年,在就对"走自己的路,让别人说去吧"这句名言的

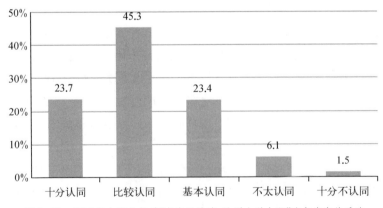

图2-74 2019年上海白领对"走自己的路,让别人说去吧"这句名言的看法

第二章　上海白领人文价值取向状况调查与历史比较

看法进行调查时,有45.3%的受访者都比较认同这句名言,十分认同者占全部受访者的23.7%,不太认同此观念的受访者只有6.1%,十分不认同者仅占1.5%。这表明绝大多数受访者具有较强的个性意识和独立精神。

如图2-75所示,2013年,在就对"走自己的路,让别人说去吧"这句名言的看法进行调查时,有32.3%的受访者都比较认同这句名言,十分认同者占全部受访者的13.3%,不太认同此观念的受访者只有13.5%,十分不认同者只占受访者的4.1%。

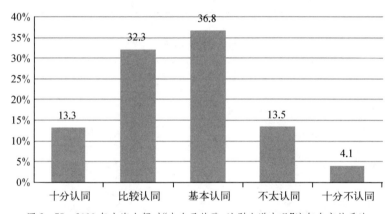

图2-75　2013年上海白领对"走自己的路,让别人说去吧"这句名言的看法

对比两组数据可知,2019年,受访者不认同该名言的比例从17.6%下降到7.6%,下降幅度达10个百分点。说明越来越多的受访者具有较强的个性意识,十分认同和比较认同的比例总计增加了23.4个百分点。

(二)上海不同性别白领关于个性意识认知状况的差异及历史比较

如图2-76所示,2019年,上海不同性别白领针对"走自己的路,让别人说去吧"这句名言,有90.5%的男性受访者表示认同,女性受访者为92.6%。女性受访者对这句名言的认同度要略高于男性受访者,而男性受访者中选择十分认同的占24.6%,要略高于女性受访者的23.9%。

如图2-77所示,2013年,上海不同性别白领针对"走自己的路,让别人说去吧"这句名言,有81.1%的男性受访者认同这句名言,女性受访者为83.9%。女性受访者对这句名言的认同度要略高于男性受访者,而男性受访者中选择十分

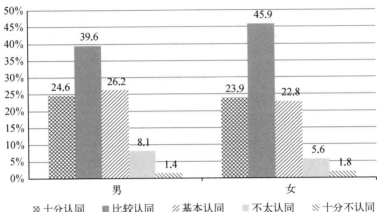

图 2-76 2019年上海不同性别白领对"走自己的路，让别人说去吧"这句名言的看法

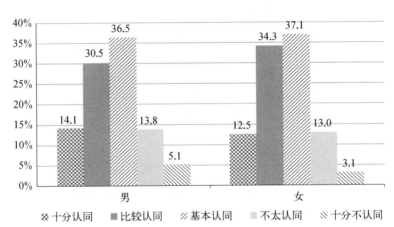

图 2-77 2013年上海不同性别白领对"走自己的路，让别人说去吧"这句名言的看法

认同的占14.1%，要略高于女性受访者的12.5%。

对比两组数据可知，2019年，针对"走自己的路，让别人说去吧"这句名言，男性受访者的认同度提高了9.4个百分点，女性受访者的认同度提高了8.7个百分点，且女性受访者中选择十分认同的比例提高了11.4个百分点。

（三）上海不同宗教信仰白领关于个性意识认知状况的差异及历史比较

如图2-78所示，2019年，上海不同宗教信仰白领针对"走自己的路，让别人说去吧"这句名言,有宗教信仰受访者的认同度最高,为 95.8%,其次为无宗教信仰受访者的认同度为 91.4%。表示十分认同的以无宗教信仰受访者最高,为 25.3%,以说不清是否有宗教信仰受访者最低,为 19.4%。

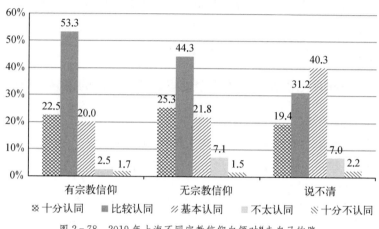

图 2-78 2019 年上海不同宗教信仰白领对"走自己的路,让别人说去吧"这句名言的看法

如图 2-79 所示,2013 年,对于"走自己的路,让别人说去吧"这句名言,有宗教信仰的受访者中有 82.9% 的人表示能够认同这句话,无宗教信仰的受访者中有 83.4% 的人表示能够认同,而说不清自己有无宗教信仰的受访者中有 82.2% 的人认同这句话。

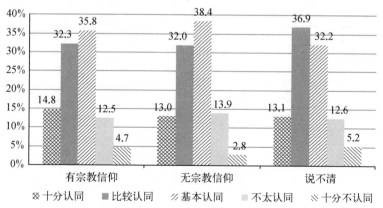

图 2-79 2013 年上海不同宗教信仰白领对"走自己的路,让别人说去吧"这句名言的看法

对比两组数据可知,2019年,针对"走自己的路,让别人说去吧"这句名言,有宗教信仰受访者的认同度提高幅度最大,提高了13个百分点,无宗教信仰的受访者的认同度提高了8.1个百分点,说不清是否有宗教信仰的受访者的认同度提高了9.6个百分点。表示十分认同的以无宗教信仰受访者提高幅度最大,提高了12.3个百分点,说不清是否有宗教信仰受访者提高幅度最小,提高了6.3个百分点。

(四) 上海不同文化程度白领关于个性意识认知状况的差异及历史比较

如图2-80所示,2019年,上海不同文化程度白领针对"走自己的路,让别人说去吧"这句名言,文化程度为大专(理工科)和研究生及以上(文科)受访者的认同度最高,均为95.2%;其次是大学本科(理工科)受访者,认同度为94.9%;再次是大学本科(文科)受访者,认同度为92.6%。

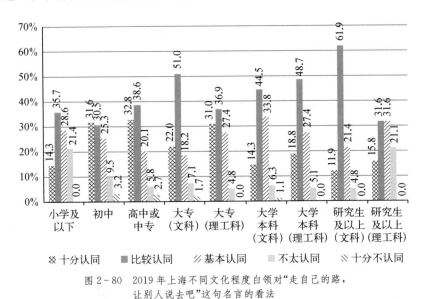

图2-80 2019年上海不同文化程度白领对"走自己的路,让别人说去吧"这句名言的看法

如图2-81所示,2013年,上海不同文化程度白领在看待"走自己的路,让别人说去吧"这句名言时,大学专科文化程度的受访者中表示能够认同这句名言的比例为84.9%,大学本科文化程度受访者的认同度为82.4%,而研究生及以上文化程度受访者的认同度为81.9%。

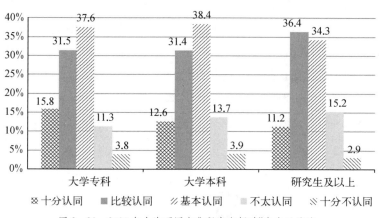

图 2-81 2013年上海不同文化程度白领对"走自己的路，让别人说去吧"这句名言的看法

由于统计口径不一，两组数据对比起来有难度。

九、上海白领关于合作意识的认知

（一）上海白领关于合作意识的认知状况及历史比较

如图 2-82 所示，2019 年，在"如果你参加一个旅行团，到某景点分散参观时意犹未尽，但规定的集合时间已到"的情景假设中，有 82.2% 的受访者选择"克制自己，按时归队"，4.8% 的受访者选择"归队但可能抱怨时间安排不合理"，

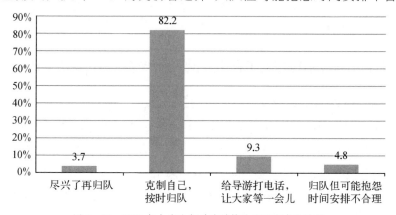

图 2-82 2019年上海白领对旅游掉队处理方式的选择

9.3%的受访者选择"给导游打电话,让大家等一会儿",另有4.8%的受访者选择"尽兴了再归队"。可以看出,九成以上的受访者都具有较好的合作意识。

如图2-83所示,2013年,在"如果你参加一个旅行团,到某景点分散参观时意犹未尽,但规定的集合时间已到"的情景假设中,有65.6%的受访者选择"旅行团也是一个集体,克制自己,按时归队",22.1%的受访者选择"归队但可能抱怨时间安排不合理",表明八成以上受访者具有良好的合作意识。另有4.8%的受访者选择"尽兴了再归队",属于合作意识很差者。

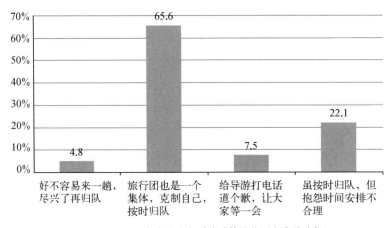

图2-83 2013年上海白领对旅游掉队处理方式的选择

对比两组数据可知,2019年,选择"克制自己,按时归队"的比例上升了16.6个百分点,而选择"可能抱怨"的比例下降了17.3个百分点,说明受访者自我约束的意识明显增强。

(二)上海不同性别白领关于合作意识认知状况的差异及历史比较

如图2-84所示,2019年,选择"克制自己,按时归队"的男性受访者的比例为80.2%,女性受访者为88.7%;男女受访者中选择"归队但可能抱怨时间安排不合理"的比例分别为7.3%和3.7%;男女受访者中选择"给导游打电话,让大家等一会儿"和"尽兴了再归队"的比例分别为12.6%和7.6%(两项总和)。

如图2-85所示,2013年,选择"旅行团也是一个集体,克制自己,按时归队"的女性受访者比例为67.6%,男性受访者的比例为64%;男女受访者中都有

第二章　上海白领人文价值取向状况调查与历史比较

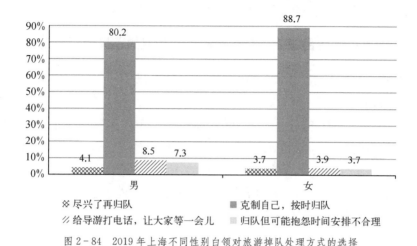

图2-84　2019年上海不同性别白领对旅游掉队处理方式的选择

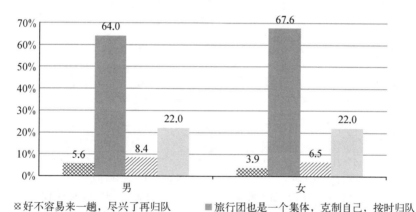

图2-85　2013年上海不同性别白领对旅游掉队处理方式的选择

22%的人选择"虽按时归队,但可能抱怨时间安排不合理";男女受访者中选择"给导游打电话道个歉,让大家等一会"和"好不容易来一趟,尽兴了再归队"的比例为14%和10.4%(两项总和)。

对比两组数据可知,2019年,男性受访者选择"克制自己,按时归队"的比例提高了16.2个百分点,女性受访者提高了21.1个百分点;男女受访者中选择"归队但可能抱怨时间安排不合理"的比例分别下降了14.7个百分点和18.3个百分点;男女受访者中选择"给导游打电话,让大家等一会儿"和"尽兴了再归队"

的比例分别下降了1.4个百分点和2.8个百分点。

（三）上海不同年龄白领关于合作意识认知状况的差异及历史比较

如图2-86所示，2019年，选择"克制自己，按时归队"的42—51岁的受访者的比例最高，为88.7%，其次是32—41岁的受访者，为87.4%，再次是52岁及以上的受访者，为83.8%；选择"归队但可能抱怨时间安排不合理"的15—21岁受访者的比例最高，为14.3%，其次是52岁及以上的受访者，为8.5%，再次是22—31岁的受访者，为6.4%；选择"给导游打电话，让大家等一会儿"和"尽兴了再归队"的15—21岁受访者的比例最高，为28.5%，其次是22—31岁的受访者，为11.8%，再次是32—41岁的受访者，为8.7%。

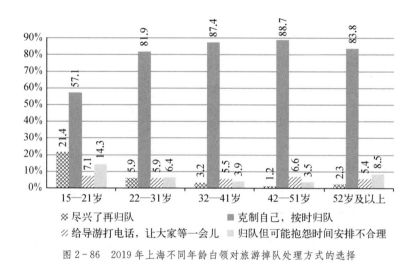

图2-86 2019年上海不同年龄白领对旅游掉队处理方式的选择

如图2-87所示，2013年，年龄在20—55岁的受访者中有62%以上的人都选择"好不容易来一趟，克制自己，按时归队"，其中46—55岁的受访者选择按时归队的比例最高，为70.7%；而年龄在56岁及以上的受访者不到60%的人选择"按时归队"。不同年龄段的受访者中都有20%左右的人"虽按时归队，但抱怨时间安排不合理"；其中，56岁及以上的受访者的选择率最高，为27.3%。还有极少部分受访者选择"给导游打电话道个歉，让大家等一会"和"好不容易来一趟，尽兴了再归队"。总体上看，大部分受访者都具有一定的合作意识，值得关注的是，20—25岁、56岁及以上受访者的合作意识仍要加强。

第二章 上海白领人文价值取向状况调查与历史比较

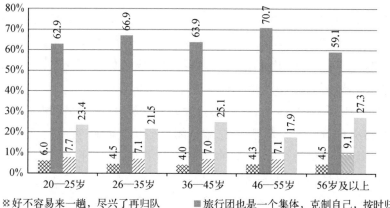

图2-87 2013年上海不同年龄的白领对旅游掉队处理方式的选择

由于统计口径不一,两组数据对比起来有难度。

(四)上海不同政治面貌白领关于合作意识认知状况的差异及历史比较

如图2-88所示,2019年,选择"克制自己,按时归队"政治面貌为群众的受访者的比例最高,为85.9%,其次是政治面貌为共青团员的受访者,为85.5%,再次是政治面貌为共产党员的受访者,为82.1%;选择"归队但可能抱怨时间安

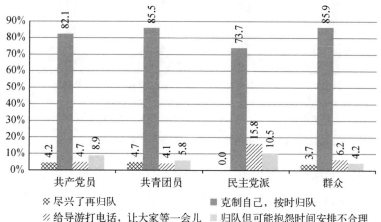

图2-88 2019年上海不同政治面貌白领对旅游掉队处理方式的选择

排不合理"的政治面貌为民主党派的受访者的比例最高,为10.5%,其次是政治面貌为共产党员的受访者,为8.9%,再次是政治面貌为共青团员的受访者,为5.8%;选择"给导游打电话,让大家等一会儿"和"尽兴了再归队"的政治面貌为民主党派的受访者的比例最高,为15.8%,其次是政治面貌为群众的受访者,为9.9%,再次是政治面貌为共产党员的受访者,为8.9%。

如图2-89所示,2013年,政治面貌为共产党员、共青团员和群众的受访者中均有超过65%以上的人都选择"旅行团也是一个集体,克制自己,按时归队";其中,政治面貌为共产党员的受访者选择此项的比例是最高的,为67.5%,这也说明共产党员受访者的全局意识和集体观念较强;政治面貌为共青团员的受访者选择此项的比例也较高,为65.6%。政治面貌为民主党派的受访者选择此项的比例最低,为51.6%。虽然不同政治面貌的大部分受访者都能很好地约束自己,服从团队安排,但仍有极少部分受访者的合作意识较差,会选择"给导游打电话道个歉,让大家等一会"和"好不容易来一趟,尽兴了再归队"。

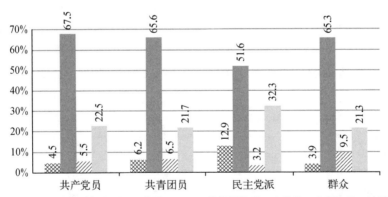

图2-89 2013年上海不同政治面貌白领对旅游掉队处理方式的选择

对比两组数据可知,2019年,对于"克制自己,按时归队"这一选项,政治面貌为群众的受访者的选择率提高了20.6个百分点,其次是政治面貌为共青团员的受访者,提高了19.9个百分点,再次是政治面貌为共产党员的受访者,提高了14.6个百分点;对于"归队但可能抱怨时间安排不合理"这一选项,政治面貌为民主党派的受访者的选择率大幅下降了 21.8 个百分点,其次是政治面貌为共产党员的受访者,下降了 13.6 个百分点,再次是政治面貌为共青团员的受访者,下降了 15.9 个百分点。

十、上海白领关于生活价值取向的认知

(一) 上海白领关于生活价值取向的分项选择情况

如图 2-90 所示,2019 年,在财富、权力、知识、荣誉、爱情、健康、容貌、事业、家庭等价值追求中,受访者的选择情况是,在第一重要的选择中,比例最高的前四项为:健康(37.7%)、财富(21.1%)、知识(15.3%)、家庭(14.1%)。在第二重要的选择中,比例最高的前四项为:事业(24.2%)、健康(17.7%)、家庭(15.7%)、权力(11.8%)。在第三重要的选择中,比例最高的前四项为:家庭(31.1%)、财富(17.7%)、健康(13.5%)、事业(12.3%)。

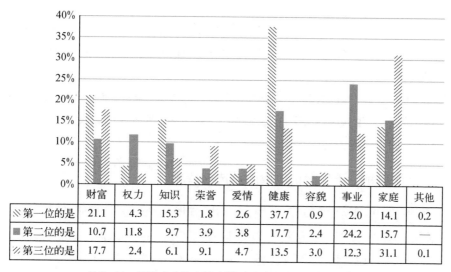

	财富	权力	知识	荣誉	爱情	健康	容貌	事业	家庭	其他
第一位的是	21.1	4.3	15.3	1.8	2.6	37.7	0.9	2.0	14.1	0.2
第二位的是	10.7	11.8	9.7	3.9	3.8	17.7	2.4	24.2	15.7	—
第三位的是	17.7	2.4	6.1	9.1	4.7	13.5	3.0	12.3	31.1	0.1

图 2-90 2019 年上海白领对"你认为在人的一生中最重要的 3 项东西是什么?"的选择及排序

如图 2-91 所示,2013 年,在财富、权力、知识、荣誉、爱情、健康、容貌、事业、家庭等价值追求中,受访者的选择情况是,在第一重要的选择中,健康、家庭、财富、知识四项较突出,健康独占 51.2%,其次是家庭占 18.5%。在第二重

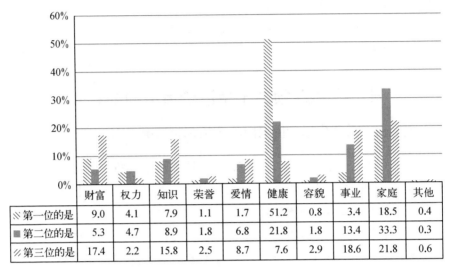

图 2-91　2013 年上海白领对"你认为在人的一生中最重要的 3 项东西是什么?"的选择及排序

要的选择中,家庭、健康、事业、知识四项依次被选,其中家庭占 33.3%,健康占 21.8%。在第三重要的选择中,分别为家庭、事业、财富、知识四项,其中家庭占 21.8%。

对比两组数据可知,2019 年,受访者除了对健康、家庭、事业、财富、知识依旧保持较高程度的重视外,又加入了权力。第一重要的四个因素没有变,第二重要的四个因素中权力替换了知识。

(二) 上海白领关于生活价值取向总选择情况

如图 2-90 所示,2019 年,在财富、权力、知识、荣誉、爱情、健康、容貌、事业、家庭等价值追求中,受访者的总选择排序依次是:健康(68.9%)、家庭(60.9%)、财富(49.5%)、事业(38.5%)、知识(31.1%)、权力(17.5%)、荣誉(14.8%)、爱情(11.1%)、容貌(6.3%)和其他(0.3%)。

如图 2-91 所示,2013 年,在财富、权力、知识、荣誉、爱情、健康、容貌、事业、家庭等价值追求中,受访者的总选择排序依次是:健康(80.6%)、家庭(73.6%)、事业(35.4%)、知识(32.6%)、财富(31.7%)、爱情(17.2%)、权力(11.0%)、荣誉(5.4%)、容貌(5.4%)和其他(1.3%)。

对比两组数据可知,2013 年,受访者最看重的是健康、家庭和事业,到 2019 年,事业为财富所取代,而且财富的总选择率由 31.7%大幅提高到 49.5%,这一现象值得关注。

十一、上海白领关于个人价值判断的认知

(一)上海白领关于个人价值判断的分项选择情况

调查问卷设计了如下情境:"一艘船在海上遇险,即将沉没,船上有 10 人,但只有一只至多能乘 5 人的救生艇。这 10 个人是:73 岁的医生、患绝症的小女孩、船长、妓女、精通航海的劳改犯、弱智的男孩、青年模范工人、神父、事业成功的女企业家、你自己,你会优先选择哪 5 个人上船逃生?为什么?"

如图 2-92 所示,2019 年的调查结果显示:优先第一个上船的选择中,73 岁的医生、船长、自己、精通航海的劳改犯和患绝症的小女孩居于前列,所占比例分别是 40.8%、16.4%、12.7%、10.1%和 9.4%;在第二个上船的选择中,船长、患

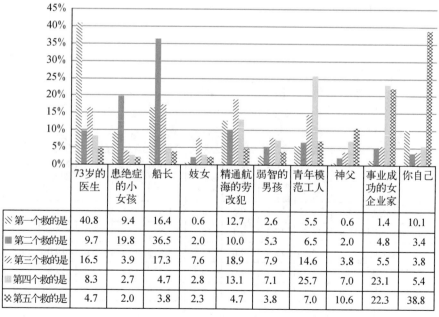

	73岁的医生	患绝症的小女孩	船长	妓女	精通航海的劳改犯	弱智的男孩	青年模范工人	神父	事业成功的女企业家	你自己
※第一个救的是	40.8	9.4	16.4	0.6	12.7	2.6	5.5	0.6	1.4	10.1
■第二个救的是	9.7	19.8	36.5	2.0	10.0	5.3	6.5	2.0	4.8	3.4
∥第三个救的是	16.5	3.9	17.3	7.6	18.9	7.9	14.6	3.8	5.5	3.8
第四个救的是	8.3	2.7	4.7	2.8	13.1	7.1	25.7	7.0	23.1	5.4
※第五个救的是	4.7	2.0	3.8	2.3	4.7	3.8	7.0	10.6	22.3	38.8

图 2-92 2019 年上海白领对"一船遇险,船上有 10 人,哪 5 人可乘救生艇"问题的回答

绝症的小女孩、精通航海的劳改犯、73岁的医生和青年模范工人居于前列，所占的比例分别是36.5%、19.8%、10%、9.7%和6.5%；第三个上船的选择中，精通航海的劳改犯、船长、73岁的医生、青年模范工人和弱智的男孩居于前列，其中，精通航海的劳改犯占比最高，为18.9%；在第四个上船的选择中，青年模范工人、事业成功的女企业家、精通航海的劳改犯、73岁的医生和弱智的男孩居于前列，其中青年模范工人占比最高，为25.7%。在第五个上船的选择中，自己、事业成功的女企业家、神父、青年模范工人位居前列，其中选自己的占比最高，为38.8%。

如图2-93所示，2013年的调查结果显示：优先第一个上船的选择中，73岁的医生、船长、自己、精通航海的劳改犯、患绝症的小女孩居于前列，所占比例分别是24.6%、22.2%、18.4%、14.3%、9.1%；在第二个上船的选择中，船长、精通航海的劳改犯、73岁的医生、患绝症的小女孩、青年模范工人居于前列，所占的比例分别是17.2%、16.2%、15.8%、14.5%、9.9%；在第三个上船的选择中，

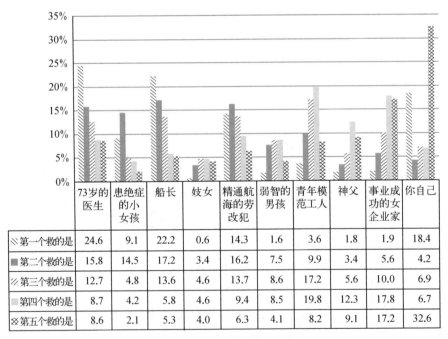

	73岁的医生	患绝症的小女孩	船长	妓女	精通航海的劳改犯	弱智的男孩	青年模范工人	神父	事业成功的女企业家	你自己
第一个救的是	24.6	9.1	22.2	0.6	14.3	1.6	3.6	1.8	1.9	18.4
第二个救的是	15.8	14.5	17.2	3.4	16.2	7.5	9.9	3.4	5.6	4.2
第三个救的是	12.7	4.8	13.6	4.6	13.7	8.6	17.2	5.6	10.0	6.9
第四个救的是	8.7	4.2	5.8	4.6	9.4	8.5	19.8	12.3	17.8	6.7
第五个救的是	8.6	2.1	5.3	4.0	6.3	4.1	8.2	9.1	17.2	32.6

图2-93 2013年上海白领对"一船遇险，船上有10人，哪5人可乘救生艇"问题的回答

第二章 上海白领人文价值取向状况调查与历史比较

青年模范工人、精通航海的劳改犯、船长、73岁的医生、事业成功的女企业家居于前列;其中,青年模范工人占17.2%。在第四个上船的选择中,青年模范工人、事业成功的女企业家、神父、精通航海的劳改犯、医生居于前列;青年模范工人占19.8%。在第五个上船的选择中,自己、事业成功的女企业家、神父、医生、青年模范工人位居前列,选自己的占32.6%。

对比两组数据可知,2019年,受访者选择"自己"的比例下降了。

(二)上海白领关于个人价值判断的总选择情况

如图2-94所示,2019年,在关于"一船遇险,船上有10人,哪5人可乘救生艇"问题上,受访者的总选择率前五项为:73岁的医生(79.99%)、船长(78.67%)、自己(61.49%)、精通航海的劳改犯(59.45%)和青年模范工人(59.25%)。倒数后三项为:弱智的男孩(26.79%)、神父(24.03%)、妓女(15.4%)。

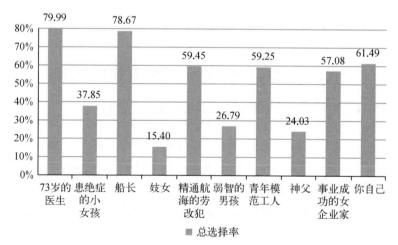

图2-94 2019年上海白领对"一船遇险,船上有10人,哪5人可乘救生艇"问题回答的总选择率

如图2-95所示,2013年,在关于"一船遇险,船上有10人,哪5人可乘救生艇"问题上,受访者的总选择率前五项为:73岁的医生(70.4%)、自己(68.8%)、船长(64.1%)、精通航海的劳改犯(59.9%)和青年模范工人(58.7%);倒数后三项为:神父(32.2%)、弱智的男孩(30.5%)、妓女(19.1%)。

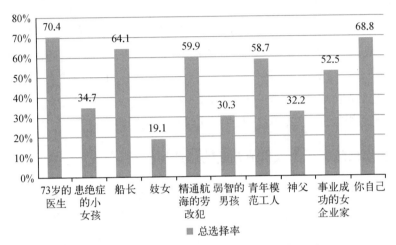

图 2-95 2013 年上海白领对"一船遇险,船上有 10 人,哪 5 人可乘救生艇"问题回答的总选择率

对比两组数据可知,从总体来讲,受访者对于个人价值的判断并没有发生太大的变化,但是 2019 年受访者对"自我优先"的认同程度有所弱化。

十二、上海白领关于超验事物的认知

(一) 上海白领关于超验事物的认知状况及历史比较

如图 2-96 所示,2019 年,关于"对目前科学不能解释的超验事物是否心存敬畏"的回答,有 29.82% 的受访者对之十分敬畏,有 34.83% 的受访者比较敬畏,而根本不敬畏和不太敬畏的受访者占 3.29% 和 9.81%,说明有五成多的受访者对超验事物心存敬畏。还有 22.25% 的受访者对之持中立态度。

如图 2-97 所示,2013 年,关于"对目前科学不能解释的超验事物是否心存敬畏"的回答,有 19% 的受访者对之十分敬畏,有 26% 的受访者比较敬畏,而 11% 的受访者则根本不敬畏,33% 的受访者对之持中立态度。

对比两组数据可知,2019 年,受访者对超验事物的主流态度发生了大的转变。受访者中表示对超验事物心存敬畏感的比例提高了 19.65 个百分点,而表示不敬畏的比例则下降了 8.9 个百分点。

第二章　上海白领人文价值取向状况调查与历史比较

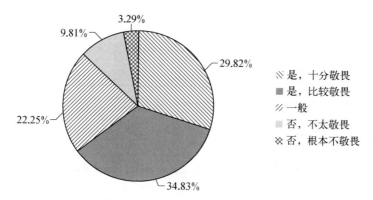

图2-96　2019年上海白领关于"对目前科学不能解释的超验事物是否心存敬畏"的回答

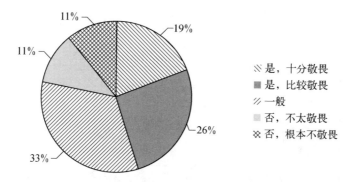

图2-97　2013年上海白领关于"对目前科学不能解释的超验事物是否心存敬畏"的回答

（二）上海不同性别白领关于超验事物认知状况的差异及历史比较

如图2-98所示，2019年，有66.9%的男性受访者明确表示自己敬畏超验事物，而女性受访者为72.6%，女性受访者中对超验事物持敬畏态度的比例要明显高于男性受访者。男性受访者中有8.8%的人不敬畏科学解释之外的超验事物，女性受访者为5.8%。

如图2-99所示，2013年，有43.5%的男性受访者明确表示自己敬畏超验事物，而女性受访者为46.5%，女性受访者中对超验事物持中立态度的比例要略高于男性受访者。男性受访者中有25.1%的人不敬畏科学解释之外的超验事物，女性受访者为18.9%，要低于男性受访者。

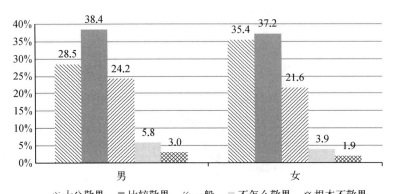

图 2-98　2019 年上海不同性别白领关于"对目前科学不能解释的超验事物是否心存敬畏"的回答

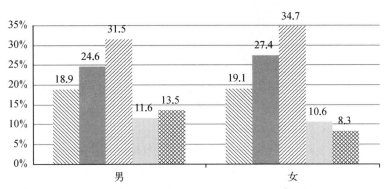

图 2-99　2013 年上海不同性别白领关于"对目前科学不能解释的超验事物是否心存敬畏"的回答

对比两组数据可知,2019 年,上海不同性别受访者对超验事物的主流态度均发生了大的转变,男性受访者中明确表示自己敬畏超验事物的选择率大幅提高了 23.4 个百分点,女性受访者的选择率更是提高了 26.1 个百分点。男性受访者中表示不敬畏科学解释之外的超验事物的选择率下降了 16.3 个百分点,女性受访者的选择率下降了 13.1 个百分点。

(三) 上海不同年龄白领关于超验事物认知状况的差异及历史比较

如图 2-100 所示,2019 年,选择对超验事物表示敬畏的以 32—41 岁受访者占比最高,为 72.8%,其次是 42—51 岁受访者,为 71.5%,再次是 52 岁及以上受访者,为 69.3%;明确表示自己不敬畏超验事物的以 15—21 岁受访者占比最高,为 14.3%,其次是 22—31 岁受访者,为 9.9%,再次是 52 岁及以上受访者,为 8.4%。

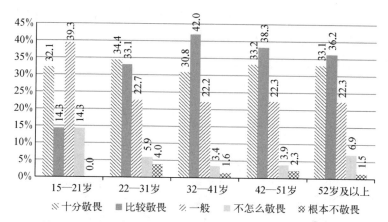

图 2-100 2019 年上海不同年龄白领关于"对目前科学不能解释的超验事物是否心存敬畏"的回答

如图 2-101 所示,2013 年,20—25 岁的受访者中明确表示自己不敬畏超验

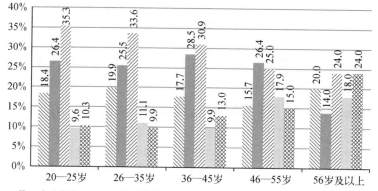

图 2-101 2013 年上海不同年龄白领关于"对目前科学不能解释的超验事物是否心存敬畏"的回答

事物的比例最低,为19.8%,而56岁及以上的受访者中不敬畏超验事物的比例最高,为42%。值得关注的是,年龄和对超验事物的敬畏感之间呈负相关,即受访者年龄越大,对超验事物反而越不太敬畏。

由于统计口径不一,两组数据对比起来有难度。

(四)上海不同宗教信仰白领关于超验事物认知状况的差异及历史比较

如图2-102所示,2019年,选择对超验事物表示敬畏的以有宗教信仰的受访者占比最高,为80%,其次是无宗教信仰的受访者,为71.1%;明确表示自己不敬畏超验事物的以说不清是否有宗教信仰的受访者占比最高,为11.8%,其次是有宗教信仰的受访者,为9.2%。

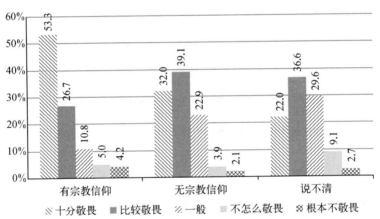

图2-102 2019年上海不同宗教信仰白领关于"对目前科学不能解释的超验事物是否心存敬畏"的回答

如图2-103所示,2013年,无宗教信仰的受访者中有43.5%的人敬畏科学解释之外的超验事物,说不清自己有无宗教信仰的受访者中有47.4%的人表示自己敬畏超验事物;而有宗教信仰的受访者中敬畏超验事物的比例为57.4%,要远高于无宗教信仰和说不清自己有无宗教信仰的受访者。无宗教信仰和说不清自己有无宗教信仰的受访者中对超验事物持中立态度的比例要高于有宗教信仰的受访者。

对比两组数据可知,2019年,无宗教信仰的受访者选择对超验事物表示敬畏的选择率提高幅度最大,上升了27.6个百分点,其次是有宗教信仰的受访者

第二章　上海白领人文价值取向状况调查与历史比较

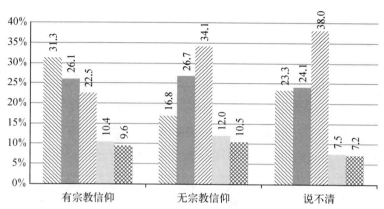

图 2-103　2013 年上海不同宗教信仰白领关于"对目前科学不能解释的超验事物是否心存敬畏"的回答

的选择率上升了 22.6 个百分点；无宗教信仰的受访者表示自己不敬畏超验事物的选择率下降幅度最大，下降了 16.5 个百分点，其次是有宗教信仰的受访者的选择率下降了 10.8 个百分点。

（五）上海不同文化程度白领关于超验事物认知状况的差异及历史比较

如图 2-104 所示，2019 年，选择对超验事物表示敬畏的以大专（文科）文化程度的受访者占比最高，为 79.1%，其次是高中或中专文化程度的受访者，为 77.9%；明确表示自己不敬畏超验事物的以大专（理工科）文化程度的受访者占比最高，为 16.7%，其次是大学本科（理工科）文化程度的受访者，为 10.3%。

如图 2-105 所示，2013 年，文化程度对上海白领的超验意识影响不大，受访者在看待科学不能解释的超验事物上，大学专科文化程度的受访者中有 45.5% 的人敬畏超验事物，大学本科文化程度的受访者中敬畏超验事物的比例为 43.8%，研究生及以上文化程度的受访者中敬畏超验事物的比例为 47.4%。可以看出，研究生及以上文化程度的受访者中对科学不能解释的超验事物心存敬畏的比例最高，其中的原因值得深思。

由于统计口径不一，两组数据对比起来有难度。

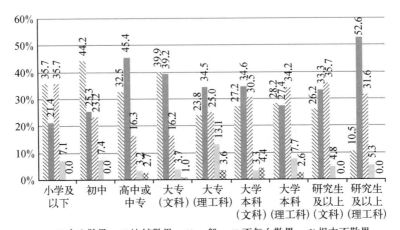

图2-104 2019年上海不同文化程度白领对目前科学不能解释的超验事物是否心存敬畏的回答

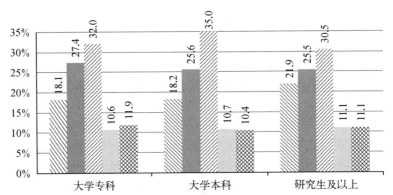

图2-105 2013年上海不同文化程度白领对目前科学不能解释的超验事物是否心存敬畏的回答

第三章　上海白领人文素养践行力调查与历史比较

一、上海白领对"城市,让生活更美好"的认同

(一)上海白领对"城市,让生活更美好"的认同状况及历史比较

如图3-1所示,2019年,上海白领对"城市,让生活更美好"观点的认同情况为:81.4%的受访者认同"城市,让生活更美好"的观点,其中,36.1%的受访者特别认同,30.9%的受访者比较认同,14.4%的受访者基本认同。18.5%的受访者不认同"城市,让生活更美好"的观点,其中,17.2%的受访者不太认同,1.3%的受访者特别不认同。这一数据说明,对于这一观点大多数受访者是认同的。

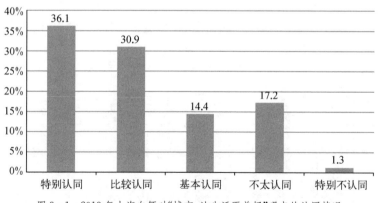

图3-1　2019年上海白领对"城市,让生活更美好"观点的认同情况

如图3-2所示,2013年,上海白领对"城市,让生活更美好"观点的认同情况为:70.3%的受访者认同"城市,让生活更美好"的观点,其中,22.6%的受访者特别认同,13%的受访者比较认同,34.7%的受访者基本认同。20.6%的受访者不认同"城市,让生活更美好"的观点,其中,20.1%的受访者不太认同,9.5%的

受访者特别不认同。

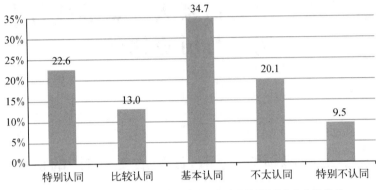

图3-2 2013年上海白领对"城市,让生活更美好"观点的认同情况

对比两组数据可知,2019年,受访者认同"城市,让生活更美好"观点的比例提高了11.1个百分点,其中特别认同的比例提高了13.5个百分点,比较认同的比例提高了17.9个百分点。

(二) 上海不同文化程度白领对"城市,让生活更美好"的认同状况差异及历史比较

如图3-3所示,2019年,上海不同文化程度白领对"城市,让生活更美好"观

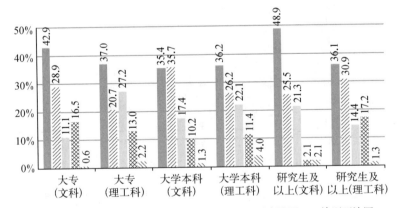

图3-3 2019年上海不同文化程度白领对"城市,让生活更美好"观点的认同情况

点的认同情况为:认同度最高的是研究生及以上(文科)文化程度的受访者,认同度达到95.7%,相反,研究生及以上(理科)文化程度的受访者的不认同度最高,达到18.5%。

如图3-4所示,2013年,大学专科文化程度的受访者的认同度高达76.6%,而博士研究生文化程度的受访者的认同度为68.4%,硕士研究生文化程度的受访者的认同度为61.2%。在对这一观点的特别不认同上,文化程度为硕士研究生和大学本科的受访者的不认同度最高,分别为14.1%和9.5%,文化程度为大学专科的受访者的不认同度最低,为6.1%。

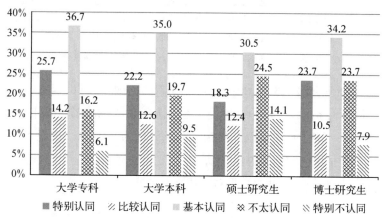

图3-4 2013年上海不同文化程度白领对"城市,让生活更美好"观点的认同情况

由于统计口径不一,两组数据对比起来有难度。

(三)上海不同年龄白领对"城市,让生活更美好"的认同状况差异及历史比较

如图3-5所示,2019年,上海不同年龄段受访者对"城市,让生活更美好"观点的认同度都比较高,其中42—51岁受访者最高,达84.8%,32—41岁受访者最低,为75.3%;15—21岁受访者为75.5%,22—31岁受访者为76.9%,52岁及以上受访者为76.2%。对这一观点特别不认同度最高的是15—21岁受访者,为3%。相对而言,受访者的年龄越高,认同度越高。

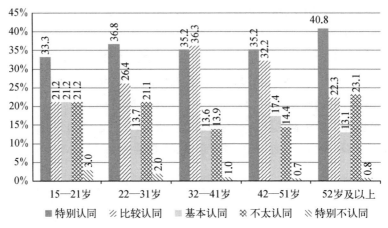

图 3-5　2019 年上海不同年龄白领对"城市,让生活更美好"观点的认同情况

如图 3-6 所示,2013 年,20—25 岁受访者的认同度为 68.7％,26—35 岁受访者的认同度为 69.2％,36—45 岁受访者的认同度为 68.3％,46—55 岁受访者的认同度为 75.7％,56 岁及以上受访者的认同度为 92.1％。这显示受访者的年龄与认同度呈现一定的相关性,年龄越大,认同度越高。

由于统计口径不一,两组数据对比起来有难度。

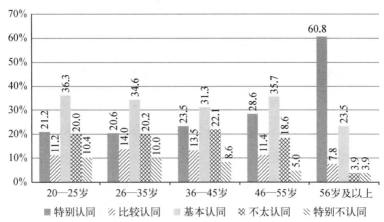

图 3-6　2013 年上海不同年龄白领对"城市,让生活更美好"观点的认同情况

（四）上海不同居住地白领对"城市,让生活更美好"的认同状况差异及历史比较

如图 3-7 所示,2019 年,居住地为城镇的受访者的认同度为 86%,其中,37.2% 的受访者特别认同,32.8% 的受访者比较认同,16% 的受访者基本认同。居住地为农村的受访者的认同度为 60.4%,其中,31.3% 的受访者特别认同,22% 的受访者比较认同,7.1% 的受访者基本认同。这一数据说明,相比于居住地为农村的受访者,居住地为城市的受访者对"城市,让生活更美好"观点的认同度更高。令人意外的是,居住地为农村的受访者中有 39.2% 的人表示对这一观点比较不认同。

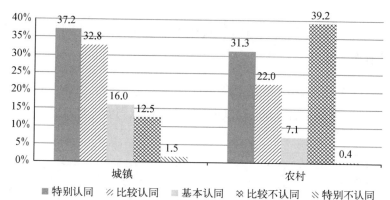

图 3-7 2019 年上海不同居住地白领对"城市,让生活更美好"观点的认同情况

如图 3-8 所示,2013 年,居住地为农村的受访者的认同度为 70.8%,居住地为城镇的白领的认同度为 70.5%,这表明居住地对受访者的认同度影响不大。居住地为城镇和农村的受访者对这一观点特别不认同度分别为 9.6% 和 8.4%。这一数据说明,居住地为农村的受访者的认同度要高于居住地为城镇的受访者,反过来,居住地为农村的受访者的特别不认同度低于居住地为城镇的受访者。

对比两组数据可知,2019 年,居住地为城镇的受访者的认同度提高了 15.5 个百分点,特别不认同度下降了 8.1 个百分点;居住地为农村的受访者的认同度下降了 10.4 个百分点,而特别不认同度下降了 8 个百分点。

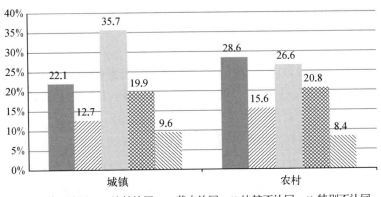

图 3-8 2013 年上海不同居住地白领对"城市,让生活更美好"观点的认同情况

(五) 上海不同月收入白领对"城市,让生活更美好"的认同状况差异及历史比较

如图 3-9 所示,2019 年,不同月收入水平的受访者对这一观点的认同度均在 70% 以上。总体上看,7 000 元以下月收入者的认同度相对较高,7 001 元及以

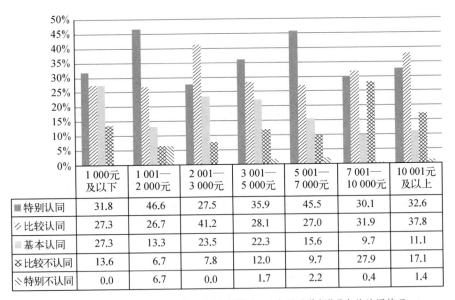

图 3-9 2019 年上海不同月收入白领对"城市,让生活更美好"观点的认同情况

上月收入者的认同度相对较低。其中月收入在 1 000 元及以下和 2 001—3 000 元的受访者中,均没有特别不认同者。月收入在 7 001—10 000 元的受访者的认同度最低,为 71.7%,月收入在 2 001—3 000 元的受访者的认同度最高,为 92.2%。整体来看,不同月收入受访者的特别不认同度普遍较低。1 001—2 000 元的受访者的特别认同度最高,为 46.6%。

如图 3-10 所示,2013 年,总体上看,月收入水平越高的白领,其认同度越低。月收入在 20 001—50 000 元的受访者的特别认同度最低,为 18.7%,月收入在 5 000 元及以下的受访者的特别认同度最高,为 25.8%。在不同的月收入区间中,月收入在 20 001—50 000 元的受访者的不认同度最高,为 46.4%,月收入在 5 000 元及以下的受访者的认同度最高,为 77.2%。

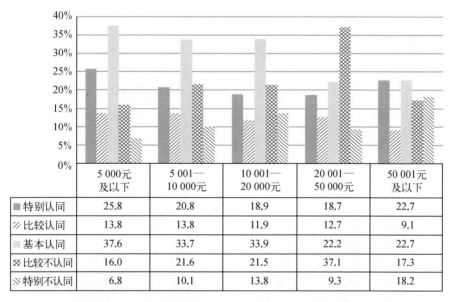

图 3-10　2013 年上海不同月收入白领对"城市,让生活更美好"观点的认同情况

由于统计口径不一,两组数据对比起来有难度。

(六) 上海不同性别白领对"城市,让生活更美好"的认同状况差异及历史比较

如图 3-11 所示,2019 年,女性受访者对此观点认同度高于男性受访者,前

者认同度为84.4%,后者为77.8%。男性受访者对比观点比较不认同度明显高于女性受访者,两者相差6.1个百分点。

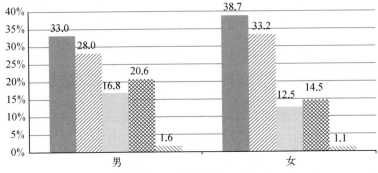

图3-11 2019年上海不同性别白领对"城市,让生活更美好"观点的认同情况

如图3-12所示,2013年,女性受访者对此观点认同度稍高于男性受访者,前者认同度为70.8%,后者为69.9%,两者差距不大。其中,男性特别认同度为22.8%,比较认同度为13.6%,基本认同度为33.5%,比较不认同度为20.4%,特别不认同度为9.5%;女性特别认同度为21.9%,比较认同度为12%,基本认同度为36.9%,比较不认同度为19.6%,特别不认同度为9.5%。

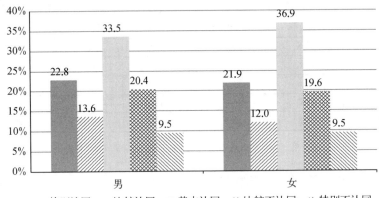

图3-12 2013年上海不同性别白领对"城市,让生活更美好"观点的认同情况

对比两组数据可知,2019年,男性受访者和女性受访者对"城市,让生活更美好"观点的认同度均有所提升,男女受访者选择特别不认同的比例,均有8个

百分点左右的降幅。

（七）上海不同宗教白领对"城市,让生活更美好"的认同状况差异及历史比较

如图 3-13 所示,2019 年,有宗教信仰的受访者的认同度为 91.95%,而无宗教信仰的受访者的认同度为 93.81%。说不清有无宗教信仰的受访者的认同度为 89.75%。无宗教信仰的受访者的认同度最高。

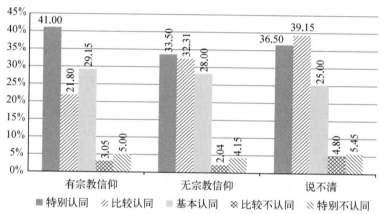

图 3-13　2019 年上海不同宗教信仰白领对"城市,让生活更美好"观点的认同情况

如图 3-14 所示,2013 年,有宗教信仰的受访者的认同度为 93.05%,而无宗教信仰的受访者的认同度为 95.15%,说不清有无宗教信仰的受访者的认同

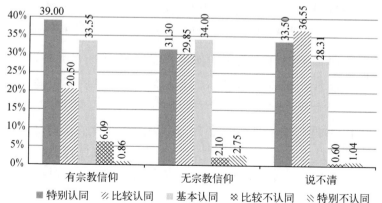

图 3-14　2013 年上海不同宗教信仰白领对"城市,让生活更美好"观点的认同情况

度为98.36%。说不清有无宗教信仰的受访者的认同度最高。

对比两组数据可知,2019年,认同度最高的群体从说不清有无宗教信仰的受访者变为了无宗教信仰的受访者,并且两次调查中无宗教信仰的受访者的认同度均高于有宗教信仰的受访者。

(八) 上海不同政治面貌白领对"城市,让生活更美好"的认同状况差异及历史比较

如图3-15所示,2019年,政治面貌为民主党派、共青团员的受访者的认同度都比较高,都在90%以上,其中民主党派受访者的认同度最高,达95.2%,且没有特别不认同者,是各政治面貌的受访者中唯一不持有特别不认同观点的群体。值得关注的是,共产党员受访者的不认同度最高,达29.9%。

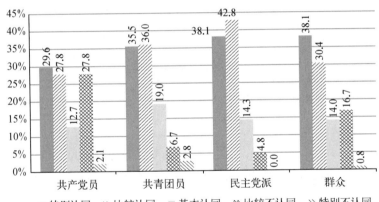

图3-15 2019年上海不同政治面貌白领对"城市,让生活更美好"观点的认同情况

如图3-16所示,2013年,政治面貌为群众、共青团员的受访者的认同度都比较高,分别为72%和71.7%。民主党派受访者的不认同度最高,为35.5%。

对比两组数据可知,2019年,各政治面貌的受访者的认同度较2013年都有提升,特别是政治面貌为民主党派的受访者,认同度提高幅度最大,提升了30.7个百分点。政治面貌为共产党员的受访者的认同度也有了一定程度的提升。

第三章　上海白领人文素养践行力调查与历史比较

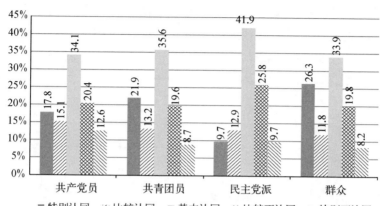

图 3-16　2013 年上海不同政治面貌白领对"城市,让生活更美好"观点的认同度

二、上海白领对"按揭消费"的认知

(一) 上海白领对"按揭消费"的认知状况及历史比较

如图 3-17 所示,2019 年,48.3%的受访者认为"按揭消费是今天花明天的钱";50.8%的受访者认为"按揭消费是多花钱多赚钱";25.1%的受访者认为"按揭消费是享乐主义观念的表现,不值得提倡";63.7%的受访者认为"按揭消费是一种现代的消费观念,值得提倡"。

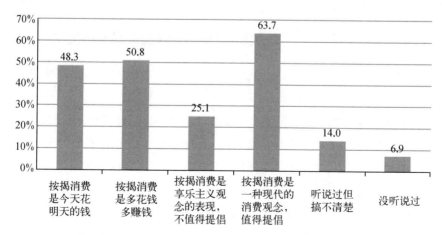

图 3-17　2019 年上海白领对"按揭消费"观念的理解

如图3-18所示,2013年,59.8%的受访者认为"按揭消费是今天花明天的钱";31.6%的受访者认为"按揭消费是多花钱多赚钱";20.8%的受访者认为"按揭消费是享乐主义观念的表现,不值得提倡";58.7%的认为"按揭消费是一种现代的消费观念,值得提倡"。

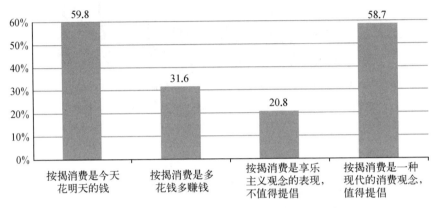

图3-18　2013年上海白领对"按揭消费"观念的理解

对比两组数据可知,2019年,受访者认为"按揭消费是今天花明天的钱"的占比下降了约10个百分点,认为"按揭消费是多花钱多赚钱"的占比上升了近20个百分点,认为"按揭消费是享乐主义"的占比上升了约5个百分点,认为"按揭消费是一种现代的消费观念"的占比上升了5个百分点。总体来看,2019年有更多的受访者认为"按揭消费是多花钱多赚钱"。

(二) 上海不同年龄白领对"按揭消费"的认知状况差异及历史比较

如图3-19所示,2019年,关于上海不同年龄段受访者对按揭消费是否今天花明天的钱的态度的调查显示,15—21岁、22—31岁、32—41岁、42—51岁和52岁及以上受访者的赞同度分别为53.9%、56.4%、55.4%、59.5%和60.1%;赞同度最高的为52岁及以上受访者,赞同度最低的为15—21岁的受访者。

如图3-20所示,2013年,关于上海不同年龄段受访者对按揭消费是否今天花明天的钱的态度的调查显示,20—25岁、26—35岁、36—45岁、46—55岁和56岁及以上受访者的赞同度分别为53.3%、56.6%、59.3%、50%和46.4%;赞同度最高的为36—45岁的受访者,赞同度最低的为56岁及以上的受访者。

第三章　上海白领人文素养践行力调查与历史比较

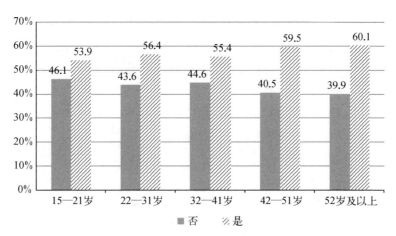

图3-19　2019年上海不同年龄白领对按揭消费是否今天花明天的钱的态度

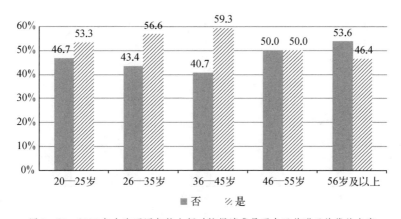

图3-20　2013年上海不同年龄白领对按揭消费是否今天花明天的钱的态度

由于统计口径不一,两组数据对比起来有难度。

如图3-21所示,2019年,关于上海不同年龄段受访者对按揭消费是多花多赚的态度的调查显示,15—21岁、22—31岁、32—41岁、42—51岁和52岁及以上受访者的赞同度分别为30.5%、34.5%、29.3%、28.1%和17.6%;赞同度最高的为22—31岁的受访者,赞同度最低的为52岁及以上的受访者。

如图3-22所示,2013年,关于上海不同年龄段受访者对按揭消费是多花多赚的态度的调查显示,20—25岁、26—35岁、36—45岁、46—55岁和56岁及以上受访者的赞同度分别为29.4%、28.7%、26%、25.1%和24.8%;赞同度最高

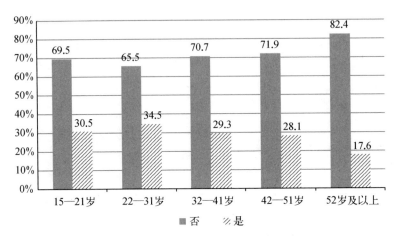

图 3-21　2019 年上海不同年龄白领对按揭消费是多花多赚的态度

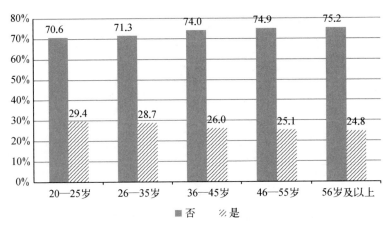

图 3-22　2013 年上海不同年龄白领对按揭消费是多花多赚的态度

的为 20—25 岁的受访者,赞同度最低的为 52 岁及以上的受访者。

由于统计口径不一,两组数据对比起来有难度。

如图 3-23 所示,2019 年,关于上海不同年龄段受访者对按揭消费是否是享乐主义的态度的调查显示,15—21 岁、22—31 岁、32—41 岁、42—51 岁和 52 岁及以上受访者的赞同度分别为 13.5%、14.1%、15%、25.8% 和 29.6%;赞同度最高的为 52 岁及以上的受访者,赞同度最低的为 15—21 岁的受访者。

如图 3-24 所示,2013 年,关于上海不同年龄段受访者对按揭消费是否

第三章　上海白领人文素养践行力调查与历史比较

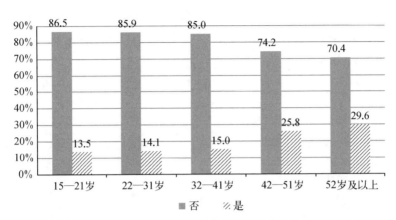

图 3-23　2019 年上海不同年龄白领对按揭消费是否是享乐主义的态度

是享乐主义的态度的调查显示,20—25 岁、26—35 岁、36—45 岁、46—55 岁和 56 岁及以上受访者的赞同度分别为 25.8%、23.6%、24.7%、25.2%和 25.1%;赞同度最高的为 20—25 岁的受访者,赞同度最低的为 26—35 岁的受访者。

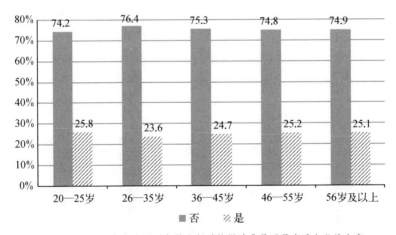

图 3-24　2013 年上海不同年龄白领对按揭消费是否是享乐主义的态度

2019 年,有越来越多的 42 岁以下受访者对按揭消费是享乐主义持否定态度,而 42 岁及以上的受访者赞同按揭消费是享乐主义的比例出现了明显的增长趋势。2013 年,各年龄段受访者的赞同度相差不多。

如图 3-25 所示,2019 年,关于上海不同年龄段受访者对按揭消费是否值得提倡的态度的调查显示,15—21岁、22—31岁、32—41岁、42—51岁和52岁及以上受访者的赞同度分别为50.9%、53.1%、54.5%、48.3%和46.9%;赞同度最高的为32—41岁的受访者,赞同度最低的为52岁及以上的受访者。

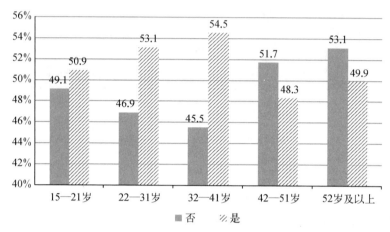

图3-25 2019年上海不同年龄白领对按揭是否值得提倡的态度

如图3-26所示,2013年,关于上海不同年龄段受访者对按揭消费是否值得提倡的态度的调查显示,20—25岁、26—35岁、36—45岁、46—55岁和56岁及以上受访者的赞同度分别为49.7%、52.8%、50.4%、43.2%和42.5%;赞同度最高的为26—35岁的受访者,赞同度最低的为56岁及以上的受访者。

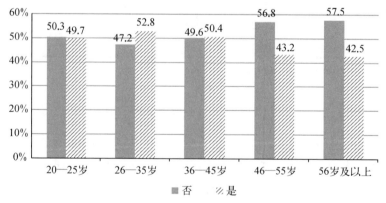

图3-26 2013年上海不同年龄白领对按揭是否值得提倡的态度

越来越多受访者提倡按揭消费,最赞同该观点的群体从 2013 年的 26—35 岁受访者变为 2019 年的 32—41 岁受访者。

(三)上海不同月收入白领对"按揭消费"的认知状况差异及历史比较

如图 3-27 所示,2019 年,关于上海不同月收入白领对按揭消费是否今天花明天的钱的态度的调查显示,1 000 元及以下、1 001—2 000 元、2 001—3 000 元、3 001—5 000 元、5 001—7 000 元、7 001—10 000 元和 10 001 元及以上受访者的赞同度分别为 46.2%、47.3%、47.8%、48.3%、50.9%、52.7%和 51.9%;赞同度最高的为 7 001—10 000 元的受访者,赞同度最低的为 1 000 元及以下的受访者。

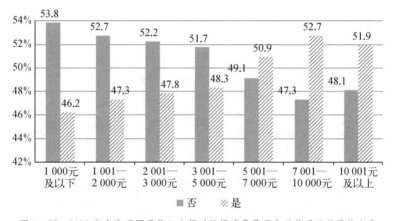

图 3-27　2019 年上海不同月收入白领对按揭消费是否今天花明天的钱的态度

如图 3-28 所示,2013 年,关于上海不同月收入白领对按揭消费是否今天花明天的钱的态度的调查显示,5 000 元及以下、5 001—10 000 元、10 001—20 000 元、20 001—50 000 元和 50 000 元及以上受访者的赞同度分别为 45.2%、44.9%、53.6%、59.7%和 65.4%;赞同度最高的为 50 000 元及以上的受访者,赞同度最低的为 5 001—10 000 元的受访者。

总体而言,随着月收入的增加,受访者对按揭消费是今天花明天的钱持肯定态度的越多。

如图 3-29 所示,2019 年,关于上海不同月收入白领对按揭消费是否多花多赚的态度的调查显示,1 000 元及以下、1 001—2 000 元、2 001—3 000 元、3 001—

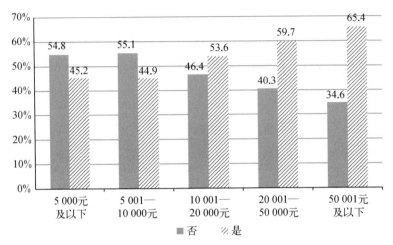

图3-28 2013年上海不同月收入白领对按揭消费是否今天花明天的钱的态度

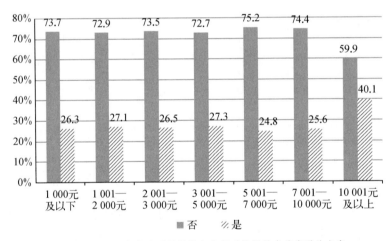

图3-29 2019年上海不同月收入白领对按揭是多花多赚的态度

5 000元、5 001—7 000元、7 001—10 000元和10 001元及以上受访者的赞同度分别为26.3%、27.1%、26.5%、27.3%、24.8%、25.6%和40.1%;赞同度最高的为10 001元及以上的受访者,赞同度最低的为5 001—7 000元的受访者。

如图3-30所示,2013年,关于上海不同月收入白领对按揭消费是否多花多赚的态度的调查显示,5 000元及以下、5 001—10 000元、10 001—20 000元、20 001—50 000元和50 000元及以上的受访者赞同度分别为26.3%、27.1%、

26.1%、26.8%和27.4%;赞同度最高的为50 000元及以上的受访者,赞同度最低的为10 001—20 000元的受访者。

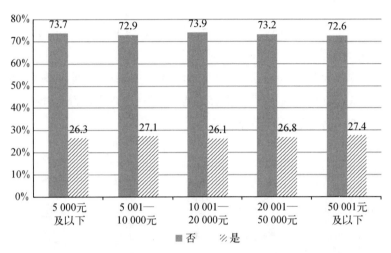

图 3-30　2013 年上海不同月收入白领对按揭是多花多赚的态度

由于统计口径不一,两组数据对比起来有难度。

如图 3-31 所示,2019 年,关于上海不同月收入白领对按揭消费是否是享乐主义的态度的调查显示,1 000 元及以下、1 001—2 000 元、2 001—3 000 元、3 001—5 000 元、5 001—7 000 元、7 001—10 000 元和 10 001 元及以上受访者的

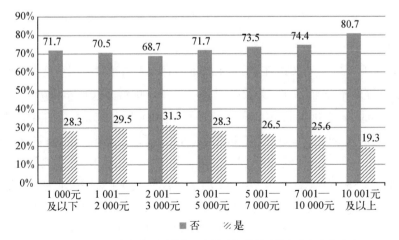

图 3-31　2019 年上海不同月收入白领对按揭是否是享乐主义的态度

赞同度分别为 28.3%、29.5%、31.3%、28.3%、26.5%、25.6%和 19.3%;赞同度最高的为 2 001—3 000 元的受访者,赞同度最低的为 10 001 元及以上的受访者。

如图 3-32 所示,2013 年,关于上海不同月收入白领对按揭消费是否是享乐主义的态度的调查显示,5 000 元及以下、5 001—10 000 元、10 001—20 000 元、20 001—50 000 元和 50 000 元及以上受访者的赞同度分别为 27%、28.4%、22.7%、20.5%和 17.7%;赞同度最高的为 5 001—10 000 元的受访者,赞同度最低的为 50 000 元及以上的受访者。

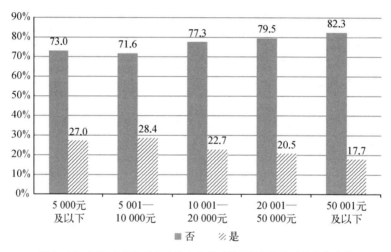

图 3-32 2013 年上海不同月收入白领对按揭是否是享乐主义的态度

由于统计口径不一,两组数据对比起来有难度。

如图 3-33 所示,2019 年,关于上海不同月收入白领对按揭消费是否值得提倡的态度的调查显示,1 000 元及以下、1 001—2 000 元、2 001—3 000 元、3 001—5 000 元、5 001—7 000 元、7 001—10 000 元和 10 001 元及以上受访者的赞同度分别为 50.3%、50.2%、51.8%、53.5%、55.9%、51.2%和 49.3%;赞同度最高的为 5 001—7 000 元的受访者,赞同度最低的为 10 001 元及以上的受访者。

如图 3-34 所示,2013 年,关于上海不同月收入白领对按揭消费是否值得提倡的态度的调查显示,5 000 元及以下、5 001—10 000 元、10 001—20 000 元、20 001—50 000 元和 50 000 元及以上受访者的赞同度分别为 46.2%、39.6%、43.9%、51.9%和 60.8%;赞同度最高的为 50 000 元及以上的受访者,赞同度最

第三章　上海白领人文素养践行力调查与历史比较

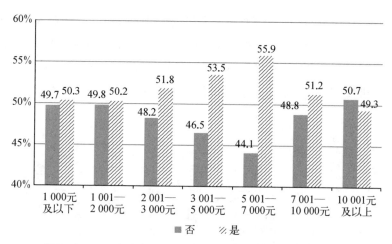

图3-33　2019年上海不同月收入白领对按揭是否值得提倡的态度

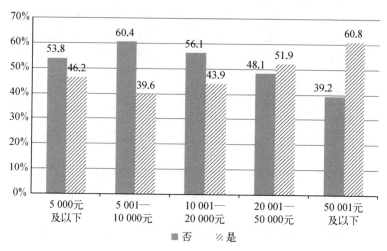

图3-34　2013年上海不同收入白领对按揭是否值得提倡的态度

低的为5 001—10 000元的受访者。

由于统计口径不一,两组数据对比起来有难度。

(四) 上海不同职业或身份白领对"按揭消费"的认知状况差异及历史比较

如图3-35所示,2019年,关于上海不同职业白领对按揭消费是否今天花明天的钱的态度的调查显示,机关、党群组织、企业事业单位负责人,机关、党群组织、企业事业单位办事人员,专业技术人员(含教师),商业、服务业人员,产业工人,农业劳动者,学生,无业、失业人员和"其他"职业受访者的赞同度分别为65.8%、66.3%、59.3%、43.1%、48%、44.1%、53.1%、39.6%和48.1%;赞同度最高的为机关、党群组织、企业事业单位办事人员,赞同度最低的为无业、失业人员。

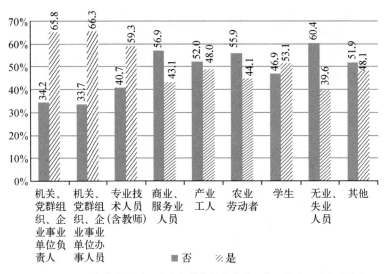

图3-35 2019年上海不同职业白领对按揭消费是否今天花明天的钱的态度

如图3-36所示,2013年,关于上海不同职业白领对按揭消费是否今天花明天的钱的态度的调查显示,国企、私企、央企、外企和中外合资的受访者的赞同度

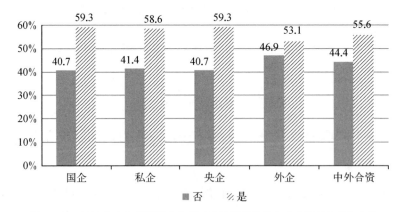

图3-36 2013年上海不同职业白领对按揭消费是否今天花明天的钱的态度

分别为 59.3%、58.6%、59.3%、53.1%和 55.6%;赞同度最高的为国企和央企的受访者,赞同度最低的为外企的受访者。

由于统计口径不一,两组数据对比起来有难度。

如图 3-37 所示,2019 年,关于上海不同职业白领对按揭消费是多花多赚的态度的调查显示,机关、党群组织、企业事业单位负责人,机关、党群组织、企业事业单位办事人员,专业技术人员(含教师),商业、服务业人员,产业工人,农业劳动者,学生,无业、失业人员和"其他"受访者的赞同度分别为 20.9%、21.3%、22.8%、25.6%、29.1%、18.9%、30.1%、20.6%和 35%;赞同度最高的为"其他"职业的受访者,赞同度最低的为农业劳动者。

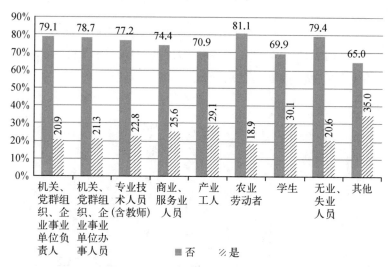

图 3-37 2019 年上海不同职业白领对按揭消费是多花多赚的态度

如图 3-38 所示,2013 年,关于上海不同职业白领对按揭消费是多花多赚的钱的态度的调查显示,国企、私企、央企、外企和中外合资的受访者的赞同度分别为 23.2%、24.1%、25.8%、30.1%和 30.9%;赞同度最高的为外企的受访者,赞同度最低的为国企的受访者。

由于统计口径不一,两组数据对比起来有难度。

如图 3-39 所示,2019 年,关于上海不同职业白领对按揭消费是否是享乐主义的态度的调查显示,机关、党群组织、企业事业单位负责人,机关、党群组织、企业事业单位办事人员,专业技术人员(含教师),商业、服务业人员,产业工人,农

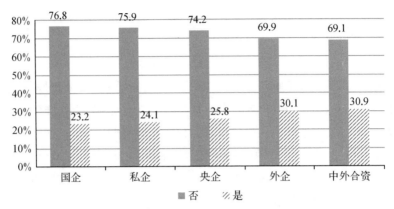

图3-38 2013年上海不同职业白领对按揭消费是多花多赚的态度

业劳动者,学生,无业、失业人员和"其他"职业受访者的赞同度分别为18.9%、19.1%、20.1%、18.1%、21.3%、25.9%、17.1%、31.1%和21%;赞同度最高的为无业、失业人员,赞同度最低的为学生。

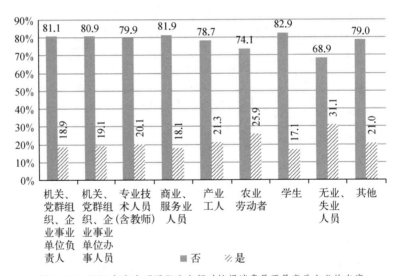

图3-39 2019年上海不同职业白领对按揭消费是否是享乐主义的态度

如图3-40所示,2013年,关于上海不同职业白领对按揭消费是否是享乐主义的态度的调查显示,国企、私企、央企、外企和中外合资的受访者的赞同度分别为25.5%、26.1%、28.8%、19.5%和20.1%;赞同度最高的为央企的受访者,赞同度最低的为外企的受访者。

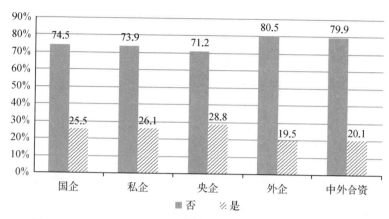

图 3-40 2013 年上海不同职业白领对按揭消费是否是享乐主义的态度

由于统计口径不一,两组数据对比起来有难度。

如图 3-41 所示,2019 年,关于上海不同职业白领对按揭消费是否值得提倡的态度的调查显示,机关、党群组织、企业事业单位负责人,机关、党群组织、企业事业单位办事人员,专业技术人员(含教师),商业、服务业人员,产业工人,农业劳动者,学生,无业、失业人员和"其他"职业受访者的赞同度分别为 49.5%、48.3%、45.6%、59%、50.4%、45.5%、55.9%、49%和 60%;赞同度最高的为"其他"职业的受访者,赞同度最低的为农业劳动者。

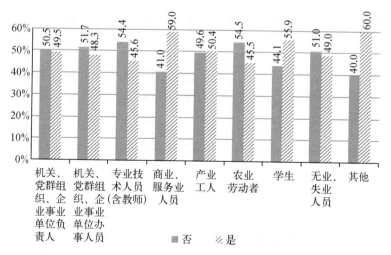

图 3-41 2019 年上海不同职业白领对按揭消费是否值得提倡的态度

如图3-42所示,2013年,关于上海不同职业白领对按揭消费是否值得提倡的态度的调查显示,国企、私企、央企、外企和中外合资的受访者的赞同度分别为49.5%、55%、50.5%、58.8%和59.6%;赞同度最高的为中外合资企业的受访者,赞同度最低的为国企的受访者。

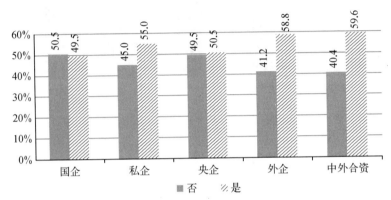

图3-42 2013年上海不同职业白领对按揭消费是否值得提倡的态度

由于统计口径不一,两组数据对比起来有难度。

三、上海白领对"法律应该发挥怎样的社会功能"的认知

(一) 上海白领对"法律应该发挥怎样的社会功能"的认知状况及历史比较

如图3-43所示,2019年,对"法律是用来惩罚犯罪的"说法,有80.81%的受访者表示认同,有18.29%的受访者表示不同意,有0.91%的受访者表示说不清。对"法律是用来保护个人权利的"说法,有84.66%的受访者表示认同,有14.66%的受访者表示不同意,有0.68%的受访者表示说不清。认为"法律是用来保护个人权利的"认同度高于认为"法律是用来惩罚犯罪的"。

如图3-44所示,2013年,26.1%的受访者不同意法律的功能是"惩罚犯罪",22.6%的受访者很同意,47.8%的受访者基本同意,3%的受访者表示说不清。在保护个人权利方面,45.4%的受访者基本同意,39.7%的受访者表示很同意,11%的受访者不同意,3.5%的受访者表示说不清。

第三章 上海白领人文素养践行力调查与历史比较

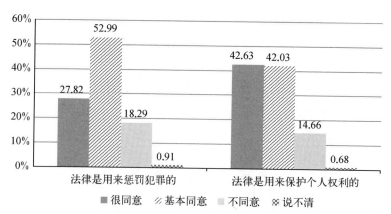

图 3-43 2019 年上海白领对"法律应该发挥怎样的社会功能"的看法

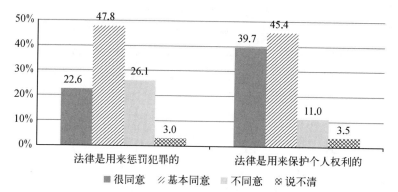

图 3-44 2013 年上海白领对"法律应该发挥怎样的社会功能"的看法

对比两组数据可知，2019 年，受访者认为"法律是用来保护个人权利的"认同度降低了，相应的，认为"法律是用来惩罚犯罪的"认同度上升了，说明受访者对法律的惩戒性功能认同度上升。

（二）上海不同性别白领对"法律应该发挥怎样的社会功能"的认知状况差异及历史比较

如图 3-45 所示，2019 年，男性受访者对法律是用来惩罚犯罪功能的认同度高于女性受访者。男性受访者中有 28.1% 的受访者表示很同意，有 52.7% 的受访者表示基本同意，有 15.3% 的受访者表示不同意，有 1% 的受访者表示说不清。女性受访者中有 22.7% 的受访者表示很同意，有 56.1% 的受访者表示基本

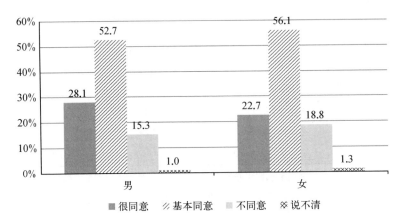

图 3-45　2019 年上海不同性别白领对"法律是惩罚犯罪的"观点的看法

同意,有 18.8% 的受访者表示不同意,有 1.3% 的受访者表示说不清。

如图 3-46 所示,2013 年,男性受访者中,赞成法律"惩罚犯罪"功能的比例为 69.7%,不赞成的比例为 26.5%;女性受访者中,赞成法律"惩罚犯罪"功能的比例为 71.1%,不赞成的比例为 25.7%。

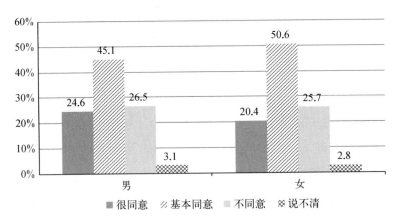

图 3-46　2013 年上海不同性别白领对"法律是惩罚犯罪的"观点的看法

对比两组数据可知,2019 年,男性受访者与女性受访者"对法律是惩罚犯罪的"观点的认同度都上升了,2013 年女性受访者对此的认同度略高,而 2019 年男性受访者对此的认同度略高。

如图 3-47 所示,2019 年,男性受访者对法律是保护权利的认同度高于女性受访者。男性受访者中有 40.1% 的受访者表示很同意,有 46.4% 的受访者表示基本同意,有 9.9% 的受访者表示不同意,有 0.9% 的受访者表示说不清。女性受访者中有 38% 的受访者表示很同意,有 43.3% 的受访者表示基本同意,有 16.3% 的受访者表示不同意,有 1.3% 的受访者表示说不清。

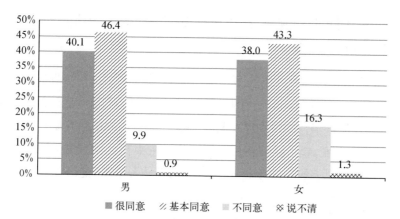

图 3-47　2019 年上海不同性别白领对"法律是保护权利的"观点的看法

如图 3-48 所示,2013 年,男性受访者对法律是保护权利的认同度高于女性受访者。男性受访者中有 40.4% 的受访者表示很同意,有 45.3% 的受访者表示基本同意,有 10.5% 的受访者表示不同意,有 3.4% 的受访者表示说不清。女性受访者中有 38.9% 的受访者表示很同意,有 45.5% 的受访者表示基本同意,有 11.6% 的受访者表示不同意,有 3.6% 的受访者表示说不清。

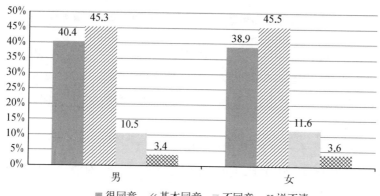

图 3-48　2013 年上海不同性别白领对"法律是保护权利的"观点的看法

对比两组数据可知,不同性别的受访者对"法律是保护权利的"观点的看法变化不大,2019年,男性受访者对该观点的认同度略有增加,而女性受访者的认同度则略有减少。总体来看,男性受访者的认同度还是高于女性受访者的。

(三) 上海不同年龄白领对"法律应该发挥怎样的社会功能"的认知状况差异及历史比较

如图3-49所示,2019年,上海不同年龄段受访者对法律"惩罚犯罪"功能的态度大致是:15—21岁的受访者中,有90.9%的受访者持肯定态度,22—31岁的受访者中,有79.5%的受访者持肯定态度,32—41岁的受访者中,有75%的受访者持肯定态度,42—51岁的受访者对这一观点持认同态度的比例最高,为91.1%,52岁及以上的受访者中,有81.5%的受访者持肯定态度。

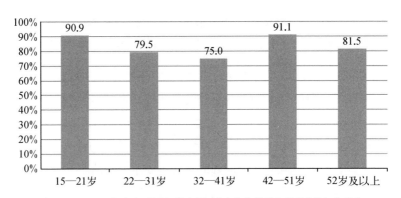

图3-49 2019年上海不同年龄白领对"法律是惩罚犯罪的"观点的看法

如图3-50所示,2013年,20—25岁、26—35岁、36—45岁、46—55岁、56岁及以上受访者认同法律"惩罚罪犯"功能的比例分别为68%、69.9%、72.8%、74.3%、84.3%。可以看出,年龄相对较大的受访者赞成法律"惩罚罪犯"功能的比例相对较高。

由于统计口径不一,两组数据对比起来有难度。

如图3-51所示,2019年,上海不同年龄段的受访者对法律"保护权利"功能的态度大致是:15—21岁的受访者中,有97%的受访者认同这一观点,22—31岁的受访者中,有85.0%的受访者持肯定态度,32—41岁的受访者中,有

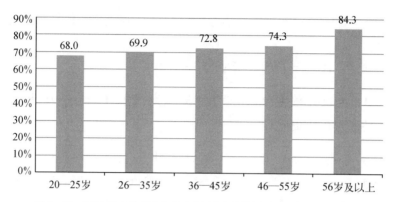

图 3-50　2013 年上海不同年龄白领对"法律是惩罚犯罪的"观点的看法

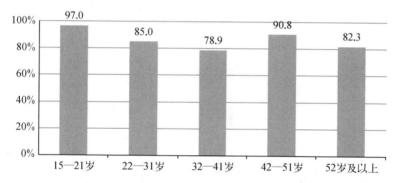

图 3-51　2019 年上海不同年龄白领对"法律是保护权利的"观点的看法

78.9%的受访者持肯定态度,42—51 岁的受访者中,有 90.8%的受访者持肯定态度,52 岁及以上的受访者中,有 82.3%的受访者持肯定态度。

如图 3-52 所示,2013 年,上海白领在认同法律"保护性"功能上,20—25

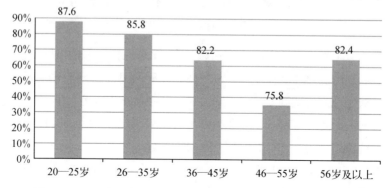

图 3-52　2013 年上海不同年龄白领对"法律是保护权利的"观点的看法

岁、26—35 岁、36—45 岁、46—55 岁和 56 岁及以上受访者的认同度分别为 87.6%、85.8%、82.2%、75.8%、82.4%。

由于统计口径不一,两组数据对比起来有难度。

(四) 上海不同文化程度白领对"法律应该发挥怎样的社会功能"的认知状况差异及历史比较

如图 3-53 所示,2019 年,上海白领对"法律是惩罚犯罪的"认同度,按文化程度由低到高依次排序为 92.85%、84.4%、81.6%、73.7%、87%、81.7%、80.5%、68.1%、59.1%。其中,文化程度为小学及以下的受访者对这一观点的认同度最高,而文化程度为研究生及以上(理工科)的受访者不认同该观点的比例最高。

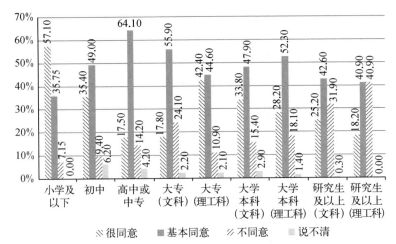

图 3-53 2019 年上海不同文化程度白领对"法律是惩罚犯罪的"观点的看法

如图 3-54 所示,2013 年,上海白领对"法律是惩罚犯罪的"认同度,按文化程度由低到高依次排序为 79.4%、71.7%、60.8%,可以看出随着学历的升高,上海白领对该观点的认同度呈现下降态势。其中文化程度为大学本科的受访者基本同意的占比为 49.7%,研究生为 41.3%,而大学专科则为 53.1%。

由于统计口径不一,两组数据对比起来有难度。

如图 3-55 所示,2019 年,上海白领对"法律保护权利功能"的认同度,按文化程度由低到高依次排序为 100%、87.5%、83.1%、73.6%、81.6%、87.9%、

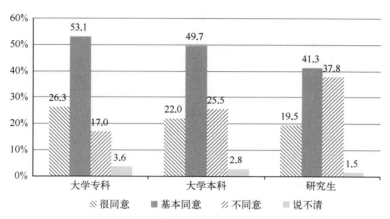

图 3-54　2013 年上海不同文化程度的白领对"法律是惩罚犯罪的"观点的看法

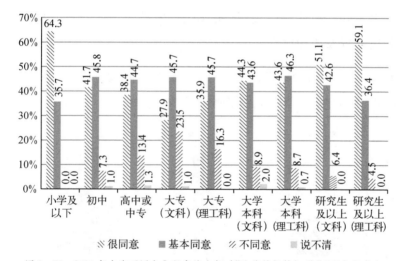

图 3-55　2019 年上海不同文化程度的白领对"法律是保护权利的"观点的看法

89.9%、93.7%、95.5%。可以看出,文化程度为小学及以下的受访者对这一观点的认同度最高,并且没有不认同的受访者,文化程度为大专(文科)的受访者对这一观点的认同度最低。

如图 3-56 所示,2013 年,上海白领在看待法律的保护性功能上,随着文化程度的提高,赞成"法律保护权利功能"的比例呈上升态势。文化程度为研究生的受访者的认同度最高。

由于统计口径不一,两组数据对比起来有难度。

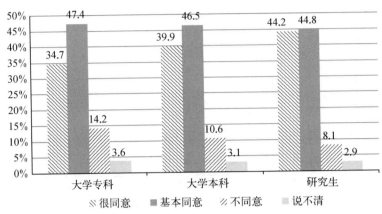

图 3-56 2013 年上海不同文化程度白领对"法律是保护权利的"观点的看法

（五）上海不同宗教信仰白领对"法律应该发挥怎样的社会功能"的认知状况差异及历史比较

如图 3-57 所示，2019 年，上海白领对法律"惩罚犯罪"功能的认同度，有宗教信仰的受访者对法律这一功能的认同度最低。

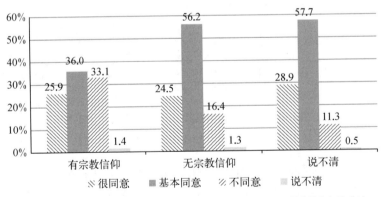

图 3-57 2019 年上海不同宗教信仰白领对"法律是惩罚犯罪的"观点的看法

如图 3-58 所示，2013 年，有宗教信仰的受访者认同法律惩罚性功能的比例为 74.5%；无宗教信仰的受访者认同法律惩罚性功能的比例为 71.2%。其中无宗教信仰的受访者基本同意的占比最高，为 50.4%，有宗教信仰的受访者表示说不清的占比最低，为 2.7%。

第三章　上海白领人文素养践行力调查与历史比较

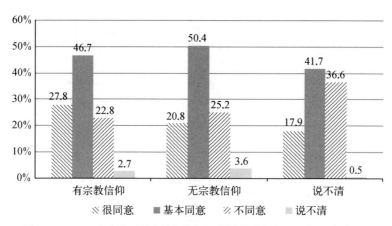

图 3-58　2013 年上海不同宗教信仰白领对"法律是惩罚犯罪的"观点的看法

对比两组数据可知,2019 年,有宗教信仰的受访者对法律的惩戒性功能的认同度降低,而无宗教信仰的受访者的认同度上升了。

如图 3-59 所示,2019 年,上海白领对法律"保护权利"功能的认同度,有宗教信仰的受访者对法律这一功能的认同度最低。

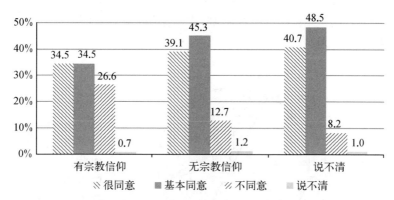

图 3-59　2019 年上海不同宗教信仰白领对"法律是保护权利的"观点的看法

如图 3-60 所示,2013 年,有宗教信仰的受访者认同法律保护性功能的比例为 86.5%,无宗教信仰的受访者认同法律保护性功能的比例为 84.1%。有宗教信仰的受访者对法律这一功能的认同度要高于无宗教信仰的受访者。

对比两组数据可知,2019 年,有宗教信仰的受访者对法律"保护权利"功能的认同度降低了,而无宗教信仰的受访者对该观点的认同度稍有升高。

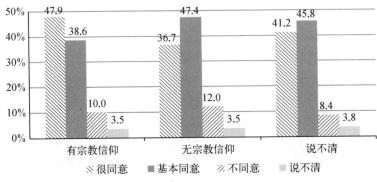

图 3-60　2013 年上海不同宗教信仰白领对"法律是保护权利的"观点的看法

四、上海白领对人文社会科学知识必要性的认知

(一) 上海白领对人文社会科学知识必要性的认知状况及历史比较

如图 3-61 所示,2019 年,上海白领对"即使没有人文社会科学知识,人们仍然可以工作、生活得很好"的总体态度,十分认同的比例是 9.55%,比较认同的比例是 19.17%,基本认同的比例是 13.32%,不太认同的比例是 50.33%,十分不认同的比例是 7.62%。

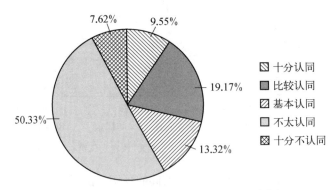

图 3-61　2019 年上海白领对"即使没有人文社会科学知识,人们仍然可以工作、生活得很好"的总体态度

如图 3-62 所示,2013 年,对于这一观点,49.66% 的受访者不太认同,14.67% 的受访者十分不认同,20.96% 的受访者基本认同,5.29% 的受访者十分

第三章 上海白领人文素养践行力调查与历史比较

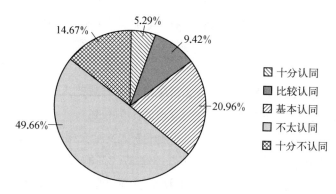

图 3-62 2013 年上海白领对"即使没有人文社会科学知识，
人们仍然可以工作、生活得很好"的总体态度

认同,9.42%的受访者比较认同。总体上有 64.32%的受访者不认同这一观点。

对比两组数据可知,对于"即使没有人文社会科学知识,人们仍然可以工作、生活得很好",十分认同比例上升了 4.26 个百分点,比较认同比例上升了 9.75 个百分点,不太认同比例几乎无变化,十分不认同比例下降了 7.05 个百分点。从整体情况看,受访者对这一观点的认同度有所上升。

（二）上海不同年龄白领对人文社会科学知识必要性的认知状况差异及历史比较

如图 3-63 所示,2019 年,对于"即使没有人文社会科学知识,人们仍然可以

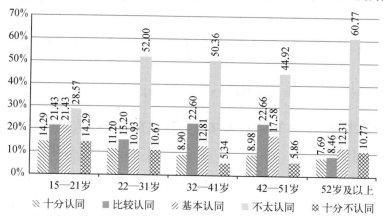

图 3-63 2019 年上海不同年龄白领对"即使没有人文社会科学知识，
人们仍然可以工作、生活得很好"的总体态度

工作、生活得很好",15—21岁的受访者中,有14.29%的人十分不认同此观点;22—31岁的受访者中,有10.67%的人十分不认同此观点;32—41岁的受访者中,有5.34%的人十分不认同此观点;42—51岁的受访者中,有5.86%的人十分不认同此观点;52岁及以上的受访者中,有10.77%的人不认同此观点。数据显示,52岁及以上受访者不认同这一观点的比例最高。

如图3-64所示,2013年,对于"即使没有人文社会科学知识,人们仍然可以工作、生活得很好",20—25岁的受访者中有67.2%的人不认同这一观点;26—35岁的受访者中,有64.7%的人不认同此观点;35—45岁的受访者中,有62.2%的人不认同此观点;46—55岁的受访者中,有57.1%的人不认同此观点;56岁及以上的受访者中,有54.9%的人不认同此观点。数据显示,受访者年龄越大,认同度越低。

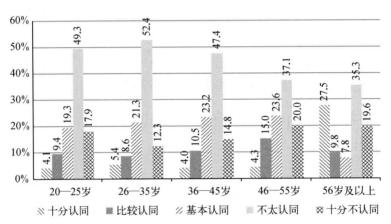

图3-64 2013年上海不同年龄白领对"即使没有人文社会科学知识,人们仍然可以工作、生活得很好"的总体态度

由于统计口径不一,两组数据对比起来有难度。

(三) 上海不同月收入白领对人文社科知识必要性的认知状况差异及历史比较

如图3-65所示,2019年,对于"即使没有人文社会科学知识,人们仍然可以工作、生活得很好",月收入为5 001—7 000元的受访者中,有63.6%的人不认同此观点,月收入为7 001—10 000元的受访者中,有63.86%的人不认同此观点。

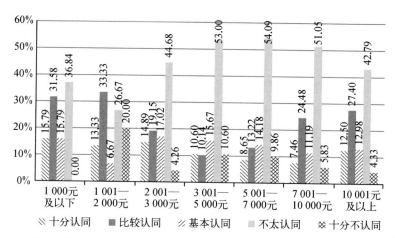

图 3-65 2019 年上海不同月收入白领对"即使没有人文社会科学知识，人们仍然可以工作、生活得很好"的总体态度

如图 3-66 所示，2013 年，对于"即使没有人文社会科学知识，人们仍然可以工作、生活得很好"，在受访者中，月收入越高的人对此观点的不认同度越高，月收入为 50 001 元及以上的受访者中，有 81.8% 的人都不认同此观点，月收入为 5 000 元及以下的受访者中，有 61.3% 的人不认同此观点。

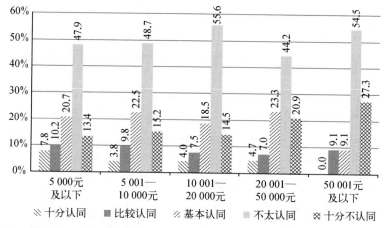

图 3-66 2013 年上海不同月收入白领对"即使没有人文社会科学知识，人们仍然可以工作、生活得很好"的总体态度

由于统计口径不一，两组数据对比起来有难度。

（四）上海不同居住地白领对人文社会科学知识必要性的认知状况差异及历史比较

如图3-67所示,2019年,从居住地角度看,居住地为农村的受访者,对这一观点的不认同度为52.36%,居住地为城镇的白领的不认同度为58.88%。居住地为城镇的受访者的不认同度要高于居住地为农村的受访者。

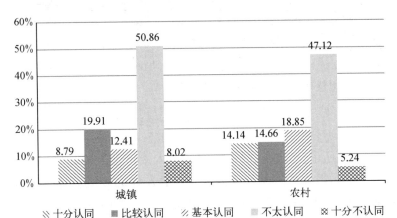

图3-67　2019年上海不同居住地白领对"即使没有人文社会科学知识,人们仍然可以工作、生活得很好"的总体态度

如图3-68所示,2013年,从居住地角度看,居住地为农村的受访者,对这一观点的不认同度为58.8%,居住地为城镇的受访者的不认同度为64.7%。

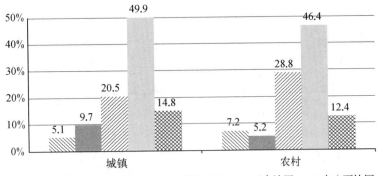

图3-68　2013年上海不同居住地白领对"即使没有人文社会科学知识,人们仍然可以工作、生活得很好"的总体态度

对比两组数据可知,2019 年,居住地不管是城镇还是农村的受访者,对这一观点的不认同度都有了一定程度的下降,居住地为城镇的受访者的不认同度下降了 5.82 个百分点,居住地为农村的受访者的不认同度下降了 6.44 个百分点。

(五)上海不同户籍白领对人文社科知识必要性的认知状况差异及历史比较

如图 3-69 所示,2019 年,本地户籍受访者对这一观点的不认同度为 59.3%;非本地户籍受访者的不认同度为 56%。这一数据表明,在对这一观点的看法上,本地户籍受访者的不认同度高于非本地户籍的受访者。

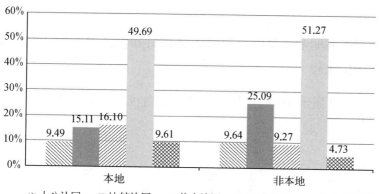

图 3-69　2019 年上海不同户籍白领对"即使没有人文社会科学知识,人们仍然可以工作、生活得很好"的总体态度

如图 3-70 所示,2013 年,本地户籍受访者对这一观点的不认同度为 63.3%;非本地户籍受访者的不认同度为 65.7%。这一数据表明,在对这一观点的看法上,本地户籍受访者的不认同度低于非本地户籍的受访者。

对比两组数据可知,2013 年,本地户籍受访者的不认同度低于非本地户籍的受访者,2019 年,本地户籍受访者的不认同度高于非本地户籍的受访者。

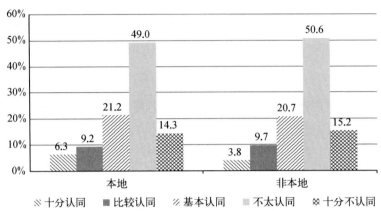

图3-70 2013年上海不同户籍白领对"即使没有人文社会科学知识，人们仍然可以工作、生活得很好"的总体态度

（六）上海不同职业或身份白领对人文社科知识必要性的认知状况差异及历史比较

如图3-71所示，2019年，机关、党群组织、企业事业单位负责人，机关、党群

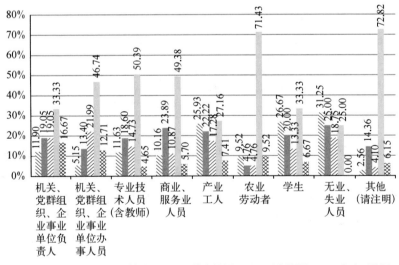

图3-71 2019年上海不同性质企业白领对"即使没有人文社会科学知识，人们仍然可以工作、生活得很好"的总体态度

组织、企业事业单位办事人员、专业技术人员、商业、服务业人员、产业工人、农业劳动者、学生、无业、失业人员及"其他"职业的受访者,持十分认同态度的比例分别为 11.9%、5.15%、11.63%、10.16%、25.93%、9.52%、26.67%、31.25%和 2.56%。

如图 3-72 所示,2013 年,国企、私企、央企、外企、中外合资企业的受访者持认同态度的比例分别为 36.7%、34.2%、43%、35.1%、33%。由此可以看出,在央企工作的受访者持认同态度的比例明显高于在其他企业工作的受访者。

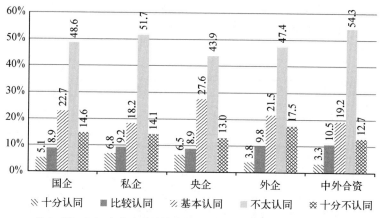

图 3-72　2013 年上海不同性质企业白领对"即使没有人文社会科学知识,人们仍然可以工作、生活得很好"的总体态度

由于统计口径不一,两组数据对比起来有难度。

(七) 上海不同宗教信仰白领对人文社会科学知识必要性的认知状况差异及历史比较

如图 3-73 所示,2019 年,有宗教信仰的受访者对这一观点的认同度为 38.33%,无宗教信仰的受访者对此观点的认同度为 40.19%。

如图 3-74 所示,2013 年,有宗教信仰的受访者对这一观点的认同度为 39.2%;无宗教信仰的受访者对此观点的认同度为 34.6%。

对比两组数据可知,2019 年,有宗教信仰的受访者认同这一观点的比例有所下降,而无宗教信仰的受访者认同这一观点的比例则有所上升。

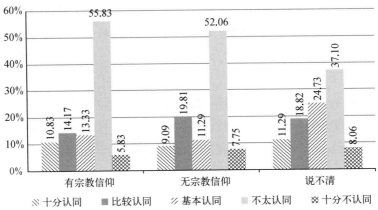

图 3-73 2019 年上海不同宗教信仰白领对"即使没有人文社会科学知识,人们仍然可以工作、生活得很好"的总体态度

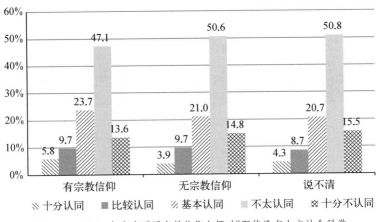

图 3-74 2013 年上海不同宗教信仰白领对"即使没有人文社会科学知识,人们仍然可以工作、生活得很好"的总体态度

五、上海白领对开展人文社会科学知识普及工作的认知

(一) 上海白领对开展人文社会科学知识普及工作的认知状况及历史比较

如图 3-75 所示,2019 年,对"是否有必要开展人文社会科学知识的普及工

作"问题的回答,6.59%的受访者不认同,37.6%的受访者特别认同。30.57%的受访者比较认同,25.24%的受访者基本认同。可以看出,绝大多数受访者是认同这一观点的。

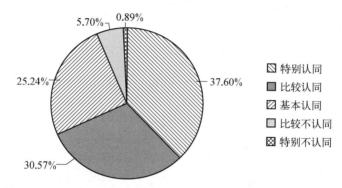

图3-75 2019年上海白领对"是否有必要开展人文社会科学知识的普及工作"问题的回答

如图3-76所示,2013年,7.2%的受访者表示不认同,33.1%的受访者表示特别认同,32.9%的受访者表示比较认同,26.7%的受访者表示基本认同。

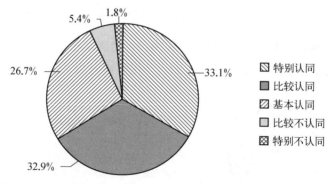

图3-76 2013年上海白领对"是否有必要开展人文社会科学知识的普及工作"问题的回答

对比两组数据可知,2019年与2013年上海白领对"是否有必要开展人文社会科学知识的普及工作"问题的态度基本保持一致,绝大多数受访者都认同这一观点。

(二) 上海不同性别白领对开展人文社会科学知识普及工作的认知状况差异及历史比较

如图3-77所示,2019年,男性受访者持认同观点的占92.39%,不认同的占7.61%;女性受访者认同度为94.15%,不认同度为5.85%。可以看出,92%以上的男女受访者都认为有必要开展人文社会科学知识的普及工作,且比例相差不大。

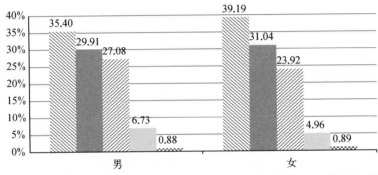

图3-77 2019年上海不同性别白领对开展人文社会科学知识普及工作的态度

如图3-78所示,2013年,男性受访者持认同观点的占92.2%,不认同的占7.8%;女性受访者认同度为93.5%,不认同度为6.5%。

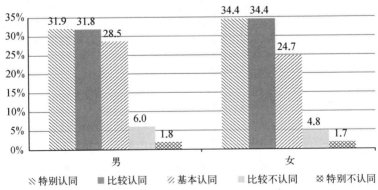

图3-78 2013年上海不同性别白领对开展人文社会科学知识普及工作的态度

对比两组数据可知,男女受访者中都有超过 92% 以上的人认为应当开展人文社会科学知识普及工作,且 2019 年的认同度要比 2013 年稍有提升。

(三) 上海不同年龄白领对开展人文社会科学知识普及工作的认知状况差异及历史比较

如图 3-79 所示,2019 年,15—21 岁、22—31 岁、32—41 岁、42—51 岁、52 岁以上受访者的认同度分别为 82.14%、93.60%、96.09%、91.02%、88.46%。以上数据表明,受访者普遍认为有必要普及人文社会科学知识。

如图 3-80 所示,2013 年,20—25 岁、26—35 岁、36—45 岁、46—55 岁、56

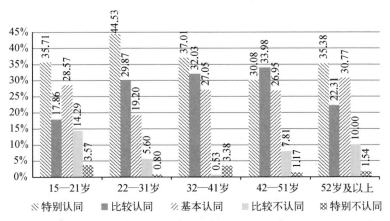

图 3-79 2019 年上海不同年龄白领对开展人文社会科学知识普及工作的态度

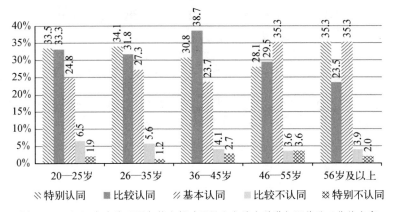

图 3-80 2013 年上海不同年龄白领对开展人文社会科学知识普及工作的态度

岁及以上受访者的认同度分别为 91.6%、93.2%、93.2%、92.9%、94.1%。以上数据表明,受访者对这一观点的认同度大大高于不认同度。

由于统计口径不一,两组数据对比起来有难度。

(四) 上海不同月收入白领对开展人文社会科学知识普及工作的认知差异及历史比较

如图 3-81 所示,2019 年,月收入为 1 000 元及以下、1 001—2 000 元、2 001—3 000 元、3 001—5 000 元、5 001—7 000 元、7 001—10 000 元和 10 001 元及以上的受访者对此观点的认同度分别为 94.74%、93.33%、95.74%、89.86%、93.75%、94.87%、92.79%。从数据来看,受访者对此观点普遍表示认同,与薪酬高低无太大关系。

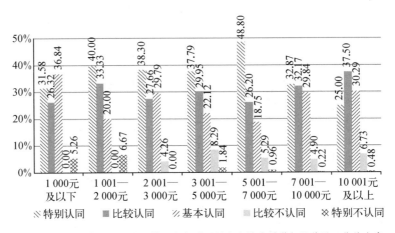

图 3-81 2019 年上海不同月收入白领对开展人文社会科学知识普及工作的态度

如图 3-82 所示,2013 年,月收入为 5 000 元及以下、5 001—10 000 元、10 001—20 000 元、20 001—50 000 元、50 001 元及以上的受访者对此观点的认同度分别为 91.5%、93.7%、93.6%、91.8%、90.9%。

由于统计口径不一,两组数据对比起来有难度。

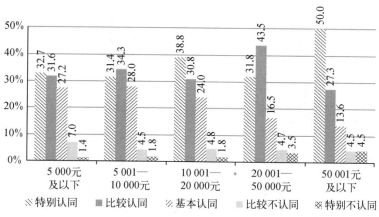

图3-82 2013年上海不同月收入白领对开展人文社会科学知识普及工作的态度

(五) 上海不同居住地白领对开展人文社会科学知识普及工作的认知状况差异及历史比较

如图3-83所示,2019年,居住地为农村的受访者对这一观点的认同度为78.53%,居住地为城镇的受访者的认同度为95.86%。无论居住地为城镇还是农村的受访者,选择特别认同的占比都超过了37%。

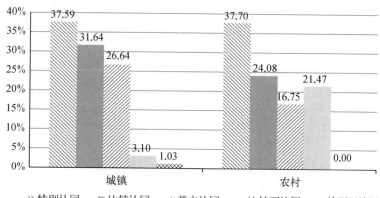

图3-83 2019年上海不同居住地白领对开展人文社会科学知识普及工作的态度

如图3-84所示,2013年,居住地为农村的受访者对这一观点的认同度为92.1%,居住地为城镇的受访者的认同度为92.8%。

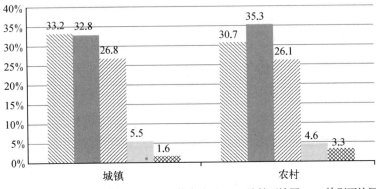

图3-84 2013年上海不同居住地白领对开展人文社会科学知识普及工作的态度

对比两组数据可知,2019年,居住地为城镇的受访者的认同度要高于居住地为农村的受访者,2019年居住地为城镇的受访者的认同度增长了约3个百分点,居住地为农村的受访者的认同度则大幅下降,值得警惕。

(六)上海不同户籍白领对开展人文社会科学知识普及工作的认知状况差异及历史比较

如图3-85所示,2019年,本地户籍受访者对这一观点的认同度为94.13%,非本地户籍受访者的认同度为92.36%。从数据上来看,户籍上的差

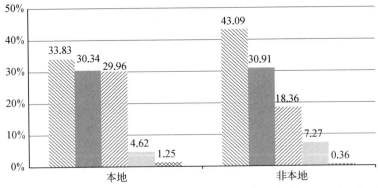

图3-85 2019年上海不同户籍白领对开展人文社会科学知识普及工作的态度

异对受访者认同度的影响不大。

如图3-86所示,2013年,本地户籍受访者对这一观点的认同度为93.1%,非本地户籍受访者的认同度为92.4%。

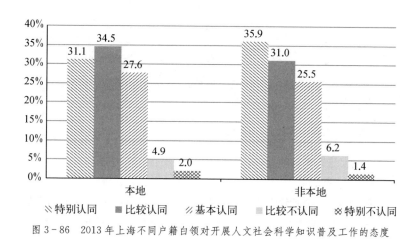

图3-86 2013年上海不同户籍白领对开展人文社会科学知识普及工作的态度

对比两组数据可知,不管是否为本地户籍,受访者的认同度差异不大。

(七)上海不同职业或身份白领对开展人文社会科学知识普及工作的认知状况差异及历史比较

如图3-87所示,2019年,机关、党群组织、企业事业单位负责人,机关、党群组织、企业事业单位办事人员,专业技术人员(含教师),商业、服务业人员,产业工人,农业劳动者,学生,无业、失业人员和"其他"职业受访者的认同度分别为92.86%、96.56%、85.27%、91.80%、95.06%、95.24%、100%、93.75%、97.44%。

如图3-88所示,2013年,国企、私企、央企、外企、中外合资企业受访者的认同度分别为92.3%、93.5%、95.9%、92.3%、91.6%。由此可以看出,在央企工作的受访者的认同度明显高于在其他企业工作的受访者。

由于统计口径不一,两组数据对比起来有难度。

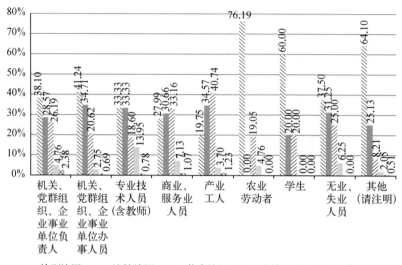

图 3-87　2019 年上海不同职业白领对开展人文社会科学知识普及工作的态度

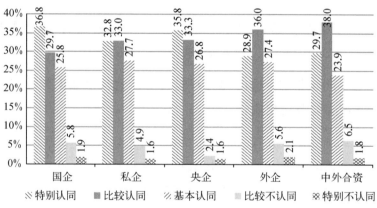

图 3-88　2013 年上海不同企业性质白领对开展人文社会科学知识普及工作的态度

(八) 上海不同宗教信仰白领对开展人文社会科学知识普及工作的认知状况差异及历史比较

如图 3-89 所示,2019 年,有宗教信仰的受访者对此观点的认同度为 92.5%,无宗教信仰的受访者对此观点的认同度为 94.93%。无宗教信仰的受

第三章　上海白领人文素养践行力调查与历史比较

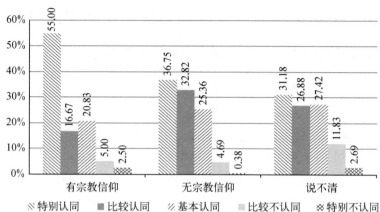

图 3-89　2019 年上海不同宗教信仰白领对开展人文社会科学知识普及工作的态度

访者更认同人文科学的普及工作。

如图 3-90 所示，2013 年，有宗教信仰的受访者对此观点的认同度为 95.4%，无宗教信仰的受访者对此观点的认同度为 92.2%。有宗教信仰的受访者更认同人文科学的普及工作。

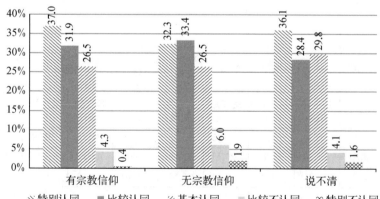

图 3-90　2013 年上海不同宗教信仰白领对开展人文社会科学知识普及工作的态度

对比两组数据可知，2013 年，有宗教信仰的受访者更认同人文科学的普及工作，2019 年，无宗教信仰的受访者更认同人文科学的普及工作。

六、上海白领对人文社会科学知识的需求状况

(一)上海白领对人文社会科学知识分项的需求情况

上海白领更需要哪方面的人文社会科学知识以及如何传播这些知识,是本部分调查主要研究的问题。针对以下问题"假如现在您去参加一场人文社会科学知识的普及讲座,您最想听到的内容",对受访者进行了调查。

如图 3-91 所示,2019 年,受访者选择的第一需要的知识前三项分别是经济知识类占 60.25%,政治理论类占 9.55%,艺术欣赏类占 9.10%;第二需要的知识前三项分别是政治理论类占 30.87%,法律知识类占 20.73%,教育知识类占 15.17%;第三需要的知识前三项分别是管理知识类占 29.39%,法律知识类占 18.36%,文史哲知识占 16.28%。

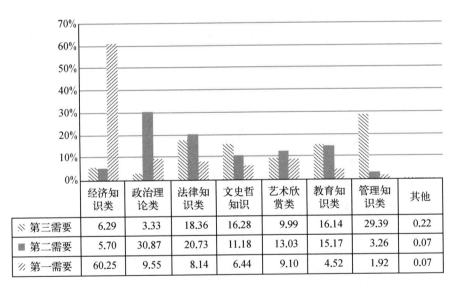

	经济知识类	政治理论类	法律知识类	文史哲知识	艺术欣赏类	教育知识类	管理知识类	其他
第三需要	6.29	3.33	18.36	16.28	9.99	16.14	29.39	0.22
第二需要	5.70	30.87	20.73	11.18	13.03	15.17	3.26	0.07
第一需要	60.25	9.55	8.14	6.44	9.10	4.52	1.92	0.07

图 3-91 2019 年上海白领对"假如现在您去参加一场人文社会科学知识的普及讲座,您最想听到的内容"的选择

如图 3-92 所示,2013 年,第一需要的知识前三项分别是经济知识类占 36.1%,文史哲知识占 15.9%,艺术欣赏类占 14.2%;第二需要的知识前三项分别是艺术欣赏类占 20.8%,法律知识类占 17.8%,文史哲知识占 13.3%;第三

需要的知识前三项分别是管理知识类占 24.4%,法律知识类占 17.1%,艺术欣赏类占 14%。

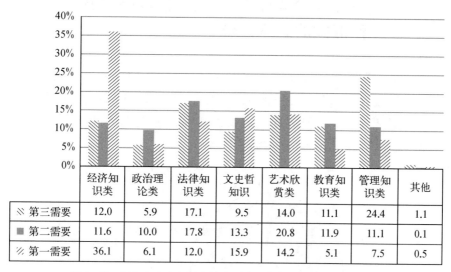

图 3-92　2013 年上海白领对"假如现在您去参加一场人文社会科学知识的普及讲座,您最想听到的内容"的选择

(二)上海白领对人文社会科学知识的总体需求情况及比较

如图 3-91、图 3-92 所示,2013 年,受访者最需要的人文社会科学知识总选择率排序为:经济知识类(59.7%)、艺术欣赏类(49%)、法律知识类(46.9%)、管理知识类(43.0%)、文史哲知识(38.7%)、教育知识类(28.1%)和政治理论类(22%)。2019 年,受访者最需要的人文社会科学知识总选择率排序为:经济知识类(72.2%)、法律知识类(47.2%)、政治理论类(43.8%)、教育知识类(35.8%)、管理知识类(34.6%)、文史哲知识(33.9%)和艺术欣赏类(32.1%)。

对比两组数据可知,2019 年,上海白领最需要的人文社会科学知识出现了一些值得注意的变化。首先是对经济知识的需求总选择率提高了 12.5 个百分点;其次是政治理论类知识从 2013 年的排名第七提高到排名第三,总选择率也从 22% 提高到 43.8%;艺术欣赏类知识从 2013 年的排名第二后退至排名第七,总选择率也从 49% 下降到 32.1%。这显示上海白领对政治理论类和法律类知识表现出更大的兴趣,而对艺术欣赏类知识的热度则在下降。

七、上海白领对各种开展人文社会科学知识普及工作形式的总体评价

如图 3-93 所示,2019 年,上海白领对"政府是否应该每年拨出充足的社科普及经费"的态度,55.96%的受访者认为很有必要;42.86%的受访者认为有必要;0.89%的受访者认为没必要,另有 0.30%的受访者表示说不清。可见,绝大多数的受访者对该问题持肯定态度。

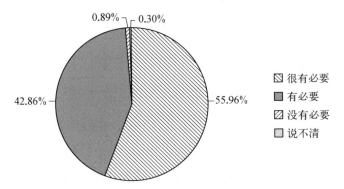

图 3-93 2019 年上海白领对"政府是否应该每年拨出充足的社科普及经费"的态度

如图 3-94 所示,2013 年,48.8%的受访者认为很有必要;41.5%的受访者认为有必要;9.7%的受访者认为没必要和说不清。

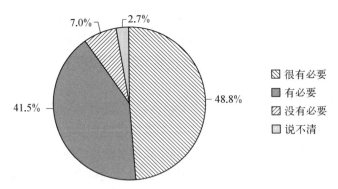

图 3-94 2013 年上海白领对"政府是否应该每年拨出充足的社科普及经费"的态度

对比两组数据可知,2019年,受访者认同政府应该每年拨出充足的人文社会科学普及经费的占比提高了8.52个百分点,98.82%的受访者认为政府应该大力支持城市的人文社会科学普及工作。

如图3-95所示,2019年,53.15%的受访者认为"每年组织各类社科普及活动"很有必要;45.74%的受访者认为有必要;0.89%的受访者认为没有必要;另有0.22%的受访者表示说不清。绝大多数受访者认同每年组织各类人文社会科学普及活动的必要性。

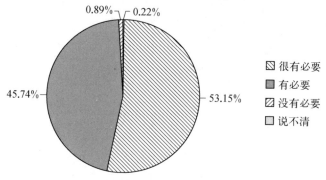

图3-95 2019年上海白领对"每年组织各类社科普及活动"的态度

如图3-96所示,2013年,40.2%的受访者认为"每年组织各类社科普及活动"很有必要;50.2%的受访者认为有必要;9.6%的受访者认为没有必要和说不清。

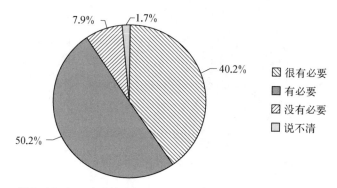

图3-96 2013年上海白领对"每年组织各类社科普及活动"的态度

对比两组数据可知,2019年,受访者对每年组织各类人文社会科学普及活动的认同度有了一定程度的上升,仅有0.89%的受访者认为没有必要,说明受访者越来越意识到普及人文社会科学知识的重要性。

如图 3-97 所示,2019 年,57.07% 的受访者认为"政府出资在社区建设宣传栏和活动场所"很有必要;38.93% 的受访者认为有必要;4% 的受访者认为没有必要和说不清。可以看出,九成以上的受访者认为这一举措是有必要的。

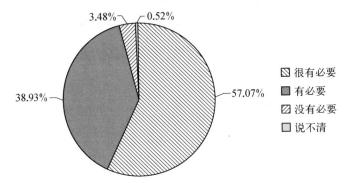

图 3-97　2019 年上海白领对"政府出资在社区建设宣传栏和活动场所"的态度

如图 3-98 所示,2013 年,43% 的受访者认为"政府出资在社区建设宣传栏和活动场所"很有必要;44.3% 的受访者认为有必要;12.7% 的受访者认为没有必要和说不清。

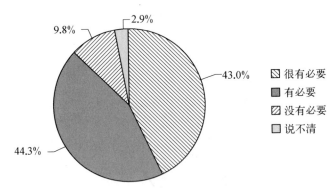

图 3-98　2013 年上海白领对"政府出资在社区建设宣传栏和活动场所"的态度

对比两组数据可知,2019 年,受访者对"政府出资在社区建设宣传栏和活动场所"的认同度有所提高,认为没有必要的受访者由 9.8% 下降到 3.48%,说明这一举措越来越得到受访者的认同。

第三章　上海白领人文素养践行力调查与历史比较

如图 3-99 所示,2019 年,54.77% 的受访者认为"政府出资建立固定的报告厅和人文社会科学知识咨询培训中心"很有必要;38.86% 的受访者认为有必要;5.11% 的受访者认为没有必要;1.26% 的受访者表示说不清。

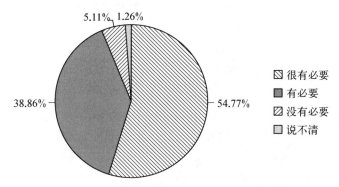

图 3-99　2019 年上海白领对"政府出资建立固定的报告厅和人文社会科学知识咨询培训中心"的态度

如图 3-100 所示,2013 年,34.4% 的受访者认为"政府出资建立固定的报告厅和人文社会科学知识咨询培训中心"很有必要;41.7% 的受访者认为有必要;19.4% 的受访者认为没有必要;4.5% 的受访者表示说不清。

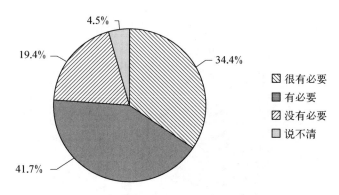

图 3-100　2013 年上海白领对"政府出资建立固定的报告厅和人文社会科学知识咨询培训中心"的态度

对比两组数据可知,2019 年,受访者认为"政府出资建立固定的报告厅和人文社会科学知识咨询培训中心"很有必要的比例明显上升,而认为没有必要的比例明显下降,由 2013 年的 19.4% 下降到 2019 年的 5.11%,说明受访者对这一举措的认同度提高了。

如图 3-101 所示,2019 年,57.96% 的受访者认为"多出版通俗易懂的人文社科类图书"很有必要;39.08% 的受访者认为有必要;2.96% 的受访者认为没有必要和说不清。绝大多数受访者认同该举措的必要性。

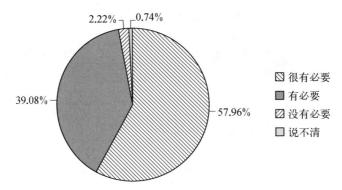

图 3-101　2019 年上海白领对"多出版通俗易懂的人文社科类图书"的态度

如图 3-102 所示,2013 年,41.6% 的受访者认为"多出版通俗易懂的人文社科类图书"很有必要;47.8% 的受访者认为有必要;10.6% 的受访者认为没有必要和说不清。

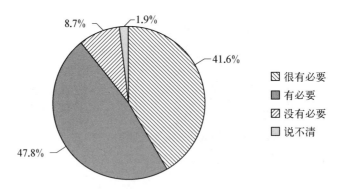

图 3-102　2013 年上海白领对"多出版通俗易懂的人文社科类图书"的态度

对比两组数据可知,2019 年,受访者对"多出版通俗易懂的人文社科类图书"的认同度明显提高,而认为没必要的比例则下降了,由 2013 年的 8.7% 下降到 2019 年的 2.22%,说明受访者越来越认同这一举措的必要性。

如图3-103所示,2019年,56.85%的受访者认为"创办普及人文社会科学知识的报纸和杂志"很有必要;39.23%的受访者认为有必要;3.92%的受访者认为没有必要和说不清。可见,超过九成的受访者支持"创办普及人文社会科学知识的报纸和杂志"。

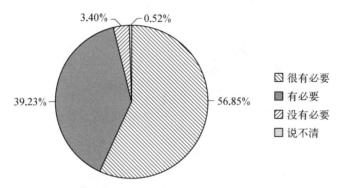

图3-103　2019年上海白领对"创办普及人文社会科学知识的报纸和杂志"的态度

如图3-104所示,2013年,33.1%的受访者认为"创办普及人文社会科学知识的报纸和杂志"很有必要;51.7%的受访者认为有必要;15.2%的受访者认为没有必要和说不清。

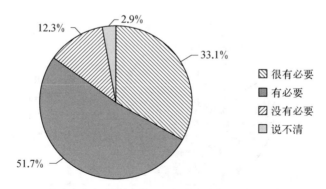

图3-104　2013年上海白领对"创办普及人文社会科学知识的报纸和杂志"的态度

对比两组数据可知,2019年,受访者对"创办普及人文社会科学知识的报纸和杂志"的认同度上升了,而认为没有必要的比例下降了,由2013年的12.3%下降到2019年的3.4%,说明受访者越来越认同这一举措的必要性。

如图 3-105 所示,2019 年,58.55%的受访者认为"人文社会科学知识工作者经常走进社区开展讲座、座谈等活动"很有必要;37.45%的受访者认为有必要;3.4%的受访者认为没有必要;另有 0.59%的受访者表示说不清。

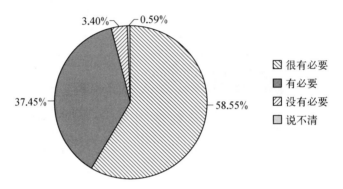

图 3-105　2019 年上海白领对"人文社会科学知识工作者经常走进社区开展讲座、座谈等活动"的态度

如图 3-106 所示,2013 年,33.8%的受访者认为"人文社会科学知识工作者经常走进社区开展讲座、座谈等活动"很有必要;47.7%的受访者认为有必要;18.4%的受访者认为没有必要和说不清。

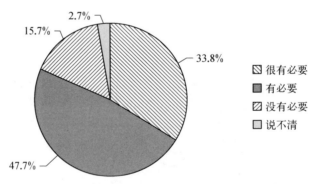

图 3-106　2013 年上海白领对"人文社会科学知识工作者经常走进社区开展讲座、座谈等活动"的态度

对比两组数据可知,2019 年,受访者对"人文社会科学知识工作者经常走进社区开展讲座、座谈等活动"的认同度上升了,而认为没有必要的比例下降了,由 2013 年的 15.7%下降到 2019 年的 3.4%,说明受访者越来越认同这一举措的必

要性。

如图 3-107 所示,2019 年,62.1% 的受访者认为"多建造展览馆、图书馆、人文景点等设施"很有必要;35.9% 的受访者认为有必要;1.99% 的受访者认为没有必要和说不清。

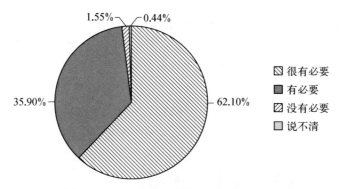

图 3-107　2019 年上海白领对"多建造展览馆、图书馆、人文景点等设施"的态度

如图 3-108 所示,2013 年,50.2% 的受访者认为"多建造展览馆、图书馆、人文景点等设施"很有必要;39.6% 的受访者认为有必要;10.2% 的受访者认为没有必要和说不清。

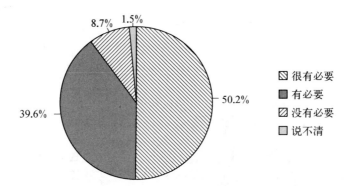

图 3-108　2013 年上海白领对"多建造展览馆、图书馆、人文景点等设施"的态度

对比两组数据可知,2019 年,受访者对"多建造展览馆、图书馆、人文景点等设施"的认同度上升了,而认为没有必要的比例下降了,由 2013 年的 8.7% 下降到 2019 年的 1.55%,说明受访者越来越认同这一举措的必要性。

八、上海白领获取人文社会科学知识的渠道

(一) 上海白领获取人文社会科学知识的主要渠道及历史比较

如图3-109所示,2019年,关于"你平时获取人文社会科学知识的主要渠道有哪些",受访者中有20.3%的人从电视渠道获得,65.8%的人从互联网上获得,5.3%的人从书报杂志中获得,2%的人从与人交谈中获得,3.1%的人通过广播了解人文社会科学知识,0.87%的人通过课堂、讲座或展览获得。

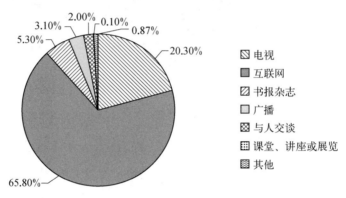

图3-109 2019年上海白领获取人文社会科学知识的主要渠道

如图3-110所示,2013年,关于"你平时获取人文社会科学知识的主要渠道有哪些",受访者中有26.4%的人从电视渠道获得,58.5%的人从互联网上获得,8.6%的人从书报杂志中获得,3.8%的人从与人交谈中获得。

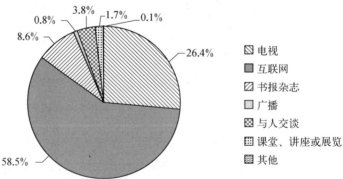

图3-110 2013年上海白领获取人文社会科学知识的主要渠道

对比两组数据可知,2019年,互联网作为最主要的人文社会科学知识获取渠道的地位得到不断巩固和提升,诸如电视、书报杂志、广播等获取渠道的地位不断下降,互联网作为获取人文社会科学知识的主要渠道的比重已经超过了60%。尽管新兴媒体越来越成为受访者获取人文社会科学知识的主要渠道,但是其他的传统媒体仍然在发挥作用,特别是电视仍旧占有一席之地,占比依然在20%以上。

(二)上海不同性别白领获取人文社会科学知识的主要渠道差异及历史比较

如图3-111所示,2019年,男性受访中有37%的人从电视上获得人文社会科学知识,41%的人从互联网上获得,6.5%的人从书报杂志中获得;女性受访者中有41%的人从电视上获得人文社科知识,46%的人从互联网上获得,3.5%的人从书报杂志中获得。

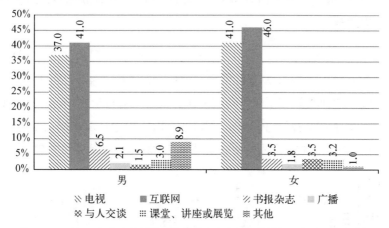

图3-111 2019年上海不同性别白领获取人文社会科学知识主要渠道的差异

如图3-112所示,2013年,男性受访者中有48.7%的人从电视上获得人文社会科学知识,38%的人从互联网上获得,7.6%的人从书报杂志中获得;女性受访者中有52.8%的人从电视上获得人文社会科学知识,33.9%的人从互联网上获得,6.4%的人从书报杂志中获得。

对比两组数据可知,2019年,电视作为人文社会科学知识传播主渠道的地位已经被互联网所取代。不过,男女受访者对电视和互联网这两种渠道的选择率差距不大。

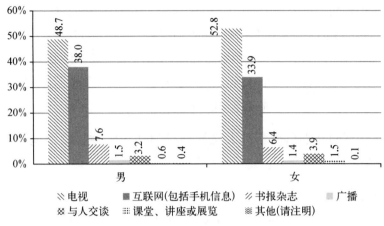

图 3-112　2013 年上海不同性别白领获取人文社会科学知识主要渠道的差异

（三）上海不同政治面貌白领获取人文社会科学知识的主要渠道差异及历史比较

如图 3-113 所示，2019 年，31% 的政治面貌为共产党员的受访者选择从电视中获得人文社会科学知识，从互联网上获得信息的占比为 40%；而政治面貌为共青团员的受访者则更倾向于从互联网上获得人文社会科学知识，占比为 41.4%；政治面貌为民主党派的受访者相比于其他群体，较少地从互联网上获得信息，占比为 39.2%，政治面貌为群众的受访者从电视中获得人文社会科学知识的占比为

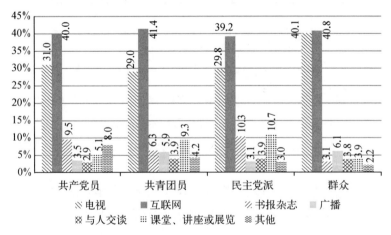

图 3-113　2019 年上海不同政治面貌白领获取人文社会科学知识主要渠道的差异

40.1%,从互联网上获得信息的占比为40.8%。

如图3-114所示,2013年,有46.7%的政治面貌为共产党员的受访者选择从电视中获得人文社会科学知识,从互联网上获得信息的占比为34.8%;而政治面貌为共青团员的受访者则更倾向于从互联网上获得人文社会科学知识,占比为60.4%;政治面貌为民主党派的受访者相比于其他群体,较少地从互联网上获得信息,占比为21.4%,他们更多地通过书报杂志获得人文社会科学知识,占比为17.9%;政治面貌为群众的受访者从电视中获得人文社会科学知识的占比为62.2%,从互联网上获得信息的占比为26.9%。

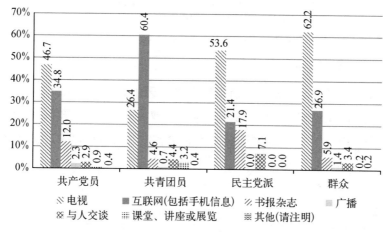

图3-114 2013年上海不同政治面貌白领获取人文社会科学知识主要渠道的差异

对比两组数据可知,2019年,虽然电视和网络依然是最主要的两种渠道,但共产党员和民主党派的受访者也倾向于从书报杂志和讲座中获取人文社会科学知识,共青团员受访者则倾向于从课堂、讲座和展览中获取人文社会科学知识,而群众受访者从电视中获取人文社会科学知识的占比是最高的。

(四)上海不同宗教信仰白领获取人文社会科学知识的主要渠道差异及历史比较

如图3-115所示,2019年,有宗教信仰的受访者中38.9%的人从电视获取人文社会科学知识,38.2%的人从互联网上获取人文社会科学知识;无宗教信仰的受访者中39.4%的人从电视获取人文社会科学知识,39.5%的人从互联网上

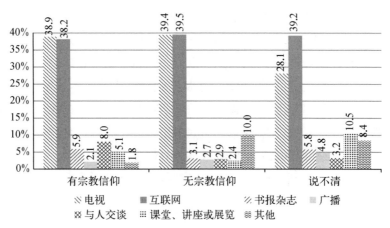

图 3-115　2019 年上海不同宗教信仰白领获取人文社会科学知识主要渠道的差异

获得人文社会科学知识。

如图 3-116 所示,2013 年,有宗教信仰的受访者中 57.4% 的人从电视获取人文社会科学知识,31.7% 的人从互联网上获取人文社会科学知识;无宗教信仰的受访者中 49.1% 的人从电视获取人文社会科学知识,37.1% 的人从互联网上获得人文社会科学知识。

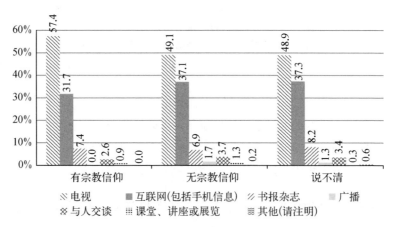

图 3-116　2013 年上海不同宗教信仰白领获取人文社会科学知识主要渠道的差异

对比两组的数据可知,2019 年,无宗教信仰的受访者通过互联网获取人文社会科学知识多一些,有宗教信仰的受访者通过电视获取人文社会科学知识的比例明显减少。

（五）上海不同居住地白领获取人文社会科学信息的主要渠道差异及历史比较

如图 3-117 所示，2019 年，居住地为城镇的受访者中有 37.7% 的人从电视获取人文社会科学知识，40.9% 的人从互联网上获取人文社会科学知识，3.8% 的人从书报杂志获取人文社会科学知识；居住地为农村的受访者中有 40.1% 的人从电视获取人文社会科学知识，38.3% 的人从互联网上获取人文社会科学知识，2.6% 从书报杂志获取人文社会科学知识。居住地为城镇的受访者比居住地为农村的受访者更易从书报杂志中获取人文社会科学知识。居住地为农村的受访者更容易从与人交谈中获取人文社会科学知识。

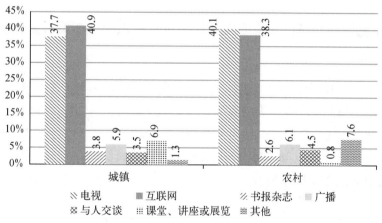

图 3-117　2019 年上海不同居住地白领获取人文社会科学知识主要渠道的差异

如图 3-118 所示，2013 年，居住地为城镇的受访者中有 25.2% 的人从电视获取人文社会科学知识，56.5% 的人从互联网上获取人文社会科学知识，8.7% 的人从书报杂志获取人文社会科学知识，3.5% 的人从与人交谈中获取人文社会科学知识；居住地为农村的受访者中有 29.2% 的人从电视获取人文社会科学知识，56.5% 的人从互联网上获取人文社会科学知识，2.6% 的人从书报杂志获取人文社会科学知识，7.8% 的人从与人交谈中获取人文社会科学知识。

对比两组数据可知，虽然电视和互联网是最为主要的两种渠道，但是 2019 年电视这一渠道在城镇和农村受访者中的占比有所上升。

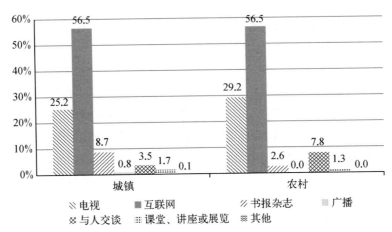

图 3-118　2013 年上海不同居住地白领获取人文社会科学知识主要渠道的差异

（六）上海不同户籍白领获取人文社会科学知识的主要渠道差异及历史比较

如图 3-119 所示，2019 年，本地户籍的受访者中有 31%的人从电视获取人文社会科学知识，51%的人从互联网上获取人文社会科学知识，3.9%的人从书报杂志获取人文社会科学知识；非本地户籍的受访者中有 30.5%的人从电视获取人文社会科学知识，46.5%的人从互联网上获取人文社会科学知识，1.5%的人从书报杂志获取人文社会科学知识。

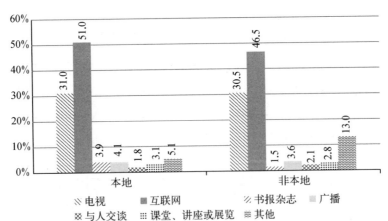

图 3-119　2019 年上海不同户籍白领获取人文社会科学知识主要渠道的差异

如图 3-120 所示,2013 年,本地户籍的受访者中有 27.8% 的人从电视获取人文社会科学知识,54.7% 的人从互联网上获取人文社会科学知识,8% 的人从书报杂志获取人文社会科学知识;非本地户籍的受访者中有 22.4% 的人从电视获取人文社会科学知识,58.8% 的人从互联网上获取人文社会科学知识,8.8% 的人从书报杂志获取人文社会科学知识。

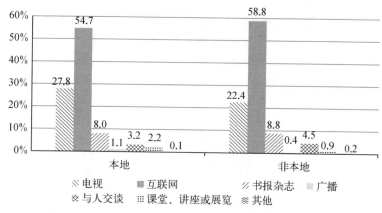

图 3-120　2013 年上海不同户籍白领获取人文社会科学知识主要渠道的差异

对比两组数据可知,2019 年,电视和互联网依然是最为重要的获取人文社会科学知识的渠道,而书报杂志的选择率有一定程度的下降。

九、上海白领对各种传播人文社会科学知识渠道的总体评价

如图 3-121 所示,2019 年,上海白领对影视途径传播人文社会科学知识的效果的评价为:40.12% 的受访者认为影视途径比较好,38.12% 的受访者表示影视途径非常好;20.73% 的受访者表示一般;1.03% 的受访者表示影视途径比较差和说不清。

如图 3-122 所示,2013 年,45.6% 的受访者认为影视途径比较好,29.5% 的受访者表示影视途径非常好;21.7% 的受访者表示一般;3.2% 的受访者表示影视途径比较差、非常差和说不清。

对比两组数据可知,2019 年,受访者对影视途径传播人文社会科学知识的效

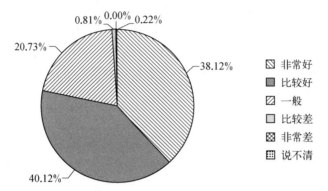

图 3-121　2019 年上海白领对影视途径传播人文社会科学知识的效果的评价

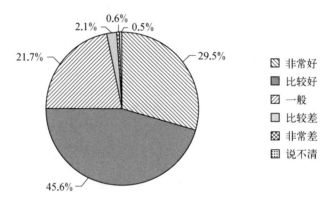

图 3-122　2013 年上海白领对影视途径传播人文社会科学知识的效果的评价

果的评价与 2013 年相比没有大的变化,持积极评价态度的比例均在 75% 以上。

如图 3-123 所示,2019 年,上海白领对教学培训传播人文社会科学知识的效果的评价为:24.8% 的受访者表示非常好;38.56% 的受访者认为比较好;34.86% 的受访者认为一般;1.78% 的受访者表示教学培训途径比较差、非常差和说不清。

如图 3-124 所示,2013 年,上海白领中有 34.1% 的受访者表示教学培训途径比较好;16% 的受访者认为非常好;41.4% 的受访者认为一般;8.5% 的受访者表示比较差、非常差和说不清。

对比两组数据可知,2019 年,受访者对该方式持积极评价态度的比例提高了 13.26 个百分点,而表示比较差的比例降低了 5.49 个百分点,说明受访者对

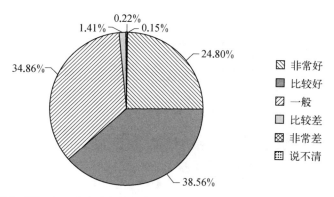

图 3-123　2019 年上海白领对教学培训传播人文社会科学知识的效果的评价

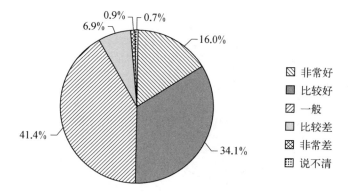

图 3-124　2013 年上海白领对教学培训传播人文社会科学知识的效果的评价

该途经的认同度是提升的。

如图 3-125 所示,2019 年,上海白领对图书传播人文社会科学知识的效果的评价为:34.05%的受访者表示非常好;37.38%的受访者认为比较好;25.17%的受访者认为一般;还有总计 3.41%的受访者表示比较差、非常差或说不清。

如图 3-126 所示,2013 年,上海白领对图书传播人文社会科学知识的效果的评价为:23.5%的受访者表示非常好;39.3%的受访者认为比较好;31.7%的受访者认为一般;还有总计 5.6%的受访者表示比较差、非常差或说不清。

对比两组数据可知,受访者对于图书传播人文社会科学知识的效果持积极评价态度的比例由 2013 年的 62.8%增加到 2019 年的 71.43%,提高了 8.63 个百分点。

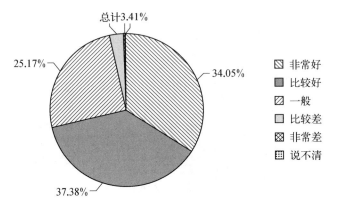

图3-125 2019年上海白领对图书传播人文社会科学知识的效果的评价

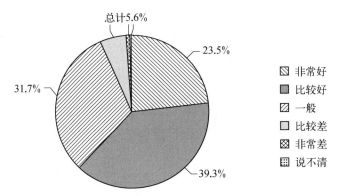

图3-126 2013年上海白领对图书传播人文社会科学知识的效果的评价

如图3-127所示,2019年,上海白领对报纸传播人文社会科学知识的效果的评价为:31.16%的受访者认为非常好;36.79%的受访者认为比较好;28.79%的受访者认为一般;3.11%的受访者表示比较差和非常差;0.15%的受访者表示说不清楚。

如图3-128所示,2013年,上海白领对报纸传播人文社会科学知识的效果的评价为:18.9%的受访者认为非常好;41.2%的受访者认为比较好;32.3%的受访者认为一般;7.1%的受访者表示比较差和非常差;0.6%的受访者表示说不清楚。

对比两组数据可知,受访者对报纸传播人文社会科学知识的效果的评价朝着积极认同的态度发展,2019年持积极肯定态度的比例比2013年上升了7.85个百

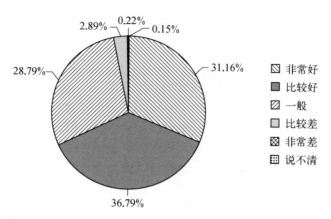

图 3-127　2019 年上海白领对报纸传播人文社会科学知识的效果的评价

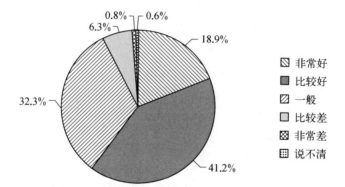

图 3-128　2013 年上海白领对报纸传播人文社会科学知识的效果的评价

分点,认为比较差的比例比 2013 年下降了 3.41 个百分点。

如图 3-129 所示,2019 年,上海白领对杂志传播人文社会科学知识的效果的评价为:30.42% 的受访者认为非常好;36.49% 的受访者认为比较好;28.79% 的受访者认为一般;4.07% 的受访者表示比较差和非常差。

如图 3-130 所示,2013 年,上海白领对杂志传播人文社会科学知识的效果的评价为:17.8% 的受访者认为非常好;38.5% 的受访者认为比较好;36.7% 的受访者认为一般;6.5% 的受访者表示比较差和非常差。

对比两组数据可知,2019 年,受访者对杂志传播人文社会科学知识的效果的评价持积极肯定态度的比例提高了 10.61 个百分点。总体来讲,大多数受访者认为其能发挥积极有效的作用。

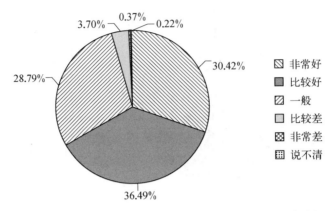

图3-129　2019年上海白领对杂志传播人文社会科学知识的效果的评价

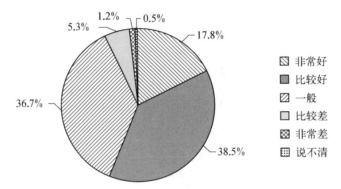

图3-130　2013年上海白领对杂志传播人文社会科学知识的效果的评价

如图3-131所示,2019年,上海白领对广播传播人文社会科学知识的效果的评价为:33.53%的受访者认为非常好;35.9%的受访者认为比较好;27.02%的受访者认为一般;3.4%的受访者认为比较差和非常差。

如图3-132所示,2013年,上海白领对广播传播人文社会科学知识的效果的评价为:16.6%的受访者认为非常好;35.9%的受访者认为比较好;36.3%的受访者认为一般;10.6%的受访者认为比较差和非常差。

对比两组数据可知,2019年,受访者对广播传播人文社会科学知识的效果的评价持积极肯定态度的比例提高了16.93个百分点,认为比较差的评价比例下降了5.74个百分点,说明广播这种传播方式在受访者中依然发挥着较好的作用。

第三章 上海白领人文素养践行力调查与历史比较

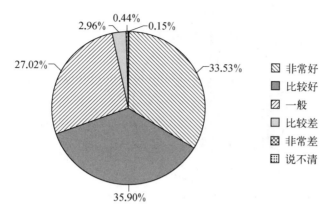

图 3-131　2019 年上海白领对广播传播人文社会科学知识的效果的评价

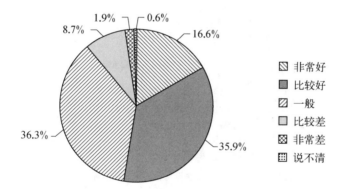

图 3-132　2013 年上海白领对广播传播人文社会科学知识的效果的评价

如图 3-133 所示,2019 年,上海白领对互联网传播人文社会科学知识的效果的评价为:46.63% 的受访者认为非常好;33.9% 的受访者认为比较好;16.95% 的受访者认为一般;2.37% 的受访者认为非常差和比较差,另有 0.15% 的受访者表示说不清。

如图 3-134 所示,2013 年,上海白领对互联网传播人文社会科学知识的效果的评价为:42.6% 的受访者认为非常好;36.5% 的受访者认为比较好;16.1% 的受访者认为一般;3.5% 的受访者认为比较差;1.3% 的受访者认为说不清和非常差。

对比两组数据可知,从 2013 年到 2019 年,受访者持积极肯定态度的比例一

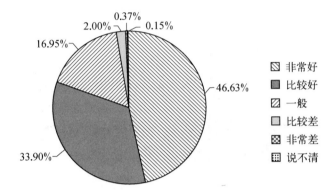

图3-133　2019年上海白领对互联网传播人文社会科学知识的效果的评价

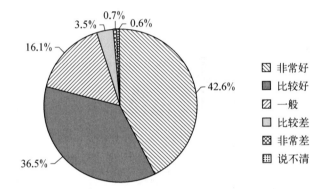

图3-134　2013年上海白领对互联网传播人文社会科学知识的效果的评价

直维持在80%左右。这说明互联网对于传播人文社会科学知识的积极效果一直为受访者所肯定。

十、上海白领对各种传播人文社科知识活动的效果的总体评价

如图3-135所示,2019年,上海白领对知识竞赛传播人文社会科学知识的效果的评价为：34.64%的受访者认为非常好；33.9%的受访者认为比较好；27.68%的受访者认为一般；2.96%的受访者认为比较差；0.82%的受访者认为非常差和说不清。

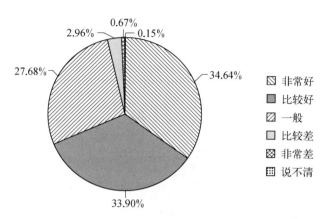

图 3-135　2019 年上海白领对知识竞赛传播人文社会科学知识的效果的评价

如图 3-136 所示,2013 年,上海白领对知识竞赛传播人文社会科学知识的效果的评价为:14.1% 的受访者认为非常好;28.4% 的受访者认为比较好;37.4% 的受访者认为一般;13.6% 的受访者认为比较差;6.5% 的受访者认为非常差和说不清。

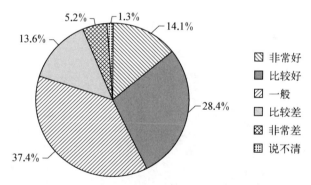

图 3-136　2013 年上海白领对知识竞赛传播人文社会科学知识的效果的评价

对比两组数据可知,2019 年,受访者对知识竞赛传播人文社会科学知识的效果的认同度显著提高,由 2013 年的 42.5% 提高到 2019 年的 68.54%,提升了 26.04 个百分点。这说明越来越多的受访者看到了知识竞赛在传播人文社会科学知识中的作用。

如图 3-137 所示,2019 年,上海白领对展览传播人文社会科学知识的效果的评价为:33.6% 的受访者认为非常好;36.42% 的受访者认为比较好;25.95%

的受访者认为一般;2.96%的受访者认为比较差;1.03%的受访者认为非常差和说不清。

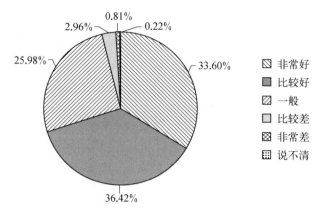

图3-137 2019年上海白领对展览传播人文社会科学知识的效果的评价

如图3-138所示,2013年,上海白领对展览传播人文社会科学知识的效果的评价为:18.1%的受访者认为非常好;36.8%的受访者认为比较好;33.7%的受访者认为一般;8.8%的受访者认为比较差;2.5%的受访者认为非常差和说不清。

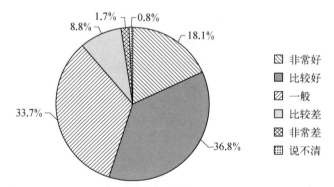

图3-138 2013年上海白领对展览传播人文社会科学知识的效果的评价

对比两组数据可知,2019年,受访者对展览传播人文社会科学知识的效果的评价明显提高,由2013年的54.9%提高到2019年的70.02%,提升了15.12个百分点。这说明展览作为一种传播人文社会科学知识的方式正在被受访者越来越认同。

如图 3-139 所示,2019 年,上海白领对游戏传播人文社会科学知识的效果的评价为:23.91%的受访者认为非常好;32.42%的认为比较好;37.53%的受访者认为一般;还有总计 6.14%的受访者认为比较差、非常差或说不清。

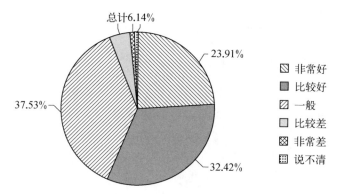

图 3-139　2019 年上海白领对游戏传播人文社会科学知识的效果的评价

如图 3-140 所示,2013 年,上海白领对游戏传播人文社会科学知识的效果的评价为:15.3%的受访者对游戏方式的传播效果认为非常好;32.1%的受访者认为比较好;38.2%的受访者认为一般;还有总计 14.4%的受访者认为比较差、非常差或说不清。

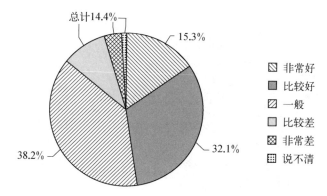

图 3-140　2013 年上海白领对游戏传播人文社会科学知识的效果的评价

对比两组数据可知,2019 年,受访者对游戏传播人文社会科学知识的效果持积极肯定态度的比例明显上升,由 2013 年的 47.4%提高到 2019 年的 56.33%,提高了 8.93 个百分点,同时认为比较差的比例也略有上升。

如图 3-141 所示,2019 年,上海白领对专家咨询传播人文社会科学知识的效果的评价为:23.98%的受访者认为非常好;32.72%的受访者认为比较好;36.12%的受访者认为一般;4.22%的受访者认为比较差;2.96%的受访者认为非常差和说不清。

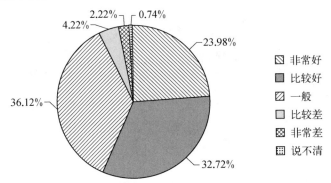

图 3-141　2019 年上海白领对专家咨询传播人文社会科学知识的效果的评价

如图 3-142 所示,2013 年,上海白领对专家咨询传播人文社会科学知识的效果的评价为:12.5%的受访者认为非常好;23.9%的受访者认为比较好;38.1%的受访者认为一般;14.9%的受访者认为比较差;10.5%的受访者认为非常差和说不清。

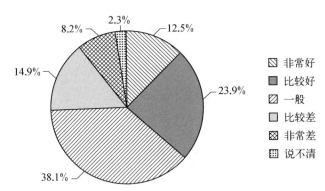

图 3-142　2013 年上海白领对专家咨询传播人文社会科学知识的效果的评价

对比两组数据可知,2019 年,受访者对专家咨询传播人文社会科学知识的效果的评价显著提高,由 2013 年的 36.4%提高到 2019 年的 56.7%,提升了 20.3 个百分点,同时,持比较差态度的比例下降了 10.68 个百分点,表明有越来越多的白领对其效果持积极肯定态度。

总体上来看,相比于 2013 年,2019 年受访者对"专家咨询传播人文社会科学知识的效果""游戏活动传播人文社会科学知识的效果""展览传播人文社会科学知识的效果""知识竞赛传播人文社会科学知识的效果""广播传播人文社会科学知识的效果""教学培训传播人文社会科学知识的效果""影视传播人文社会科学知识的效果"的评价均有所提高,客观原因是经济的繁荣为这些活动提供了安稳的社会环境,这些活动本身也使得受访者从中获益,丰富了他们的业余生活,提高了他们的幸福指数;主观原因是受访者本身素质提升了,其对问题的分析越来越理性化、科学化、客观化。

第四章　上海白领城市文化认同调查与历史比较

一、上海白领对上海历史知识的掌握

(一) 上海白领对"上海开埠"问题的回答情况及历史比较

如图4-1所示,2019年,上海白领对"上海开埠是基于哪份条约"的回答,受访者有不同的选择,其中65.88%的受访者给出了正确答案,即《南京条约》。有7.4%和10.21%的受访者选择了《北京条约》和《马关条约》,还有14.66%的受访者表示不清楚。

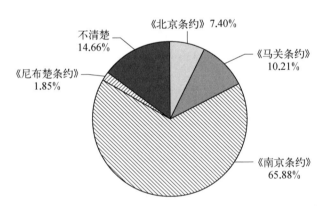

图4-1　2019年上海白领对"上海开埠是基于哪份条约"问题的回答情况

如图4-2所示,2013年,给出正确答案的受访者占48.8%。除了19.6%的受访者表示不清楚之外,还有一些受访者选择了《北京条约》《马关条约》《尼布楚条约》,所占比例分别为5.1%、23.2%、3.3%。

对比两组数据可知,这道题回答的正确率从2013年的48.8%上升到了2019年的65.88%,提升幅度明显。错误率从2013年的31.6%下降到了2019

第四章 上海白领城市文化认同调查与历史比较

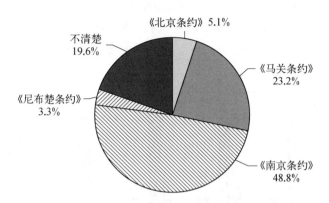

图 4-2 2013年上海白领对"上海开埠是基于哪份条约"问题的回答情况

年的19.46%,表示不清楚的比例也从2013年的19.6%下降到了2019年的14.66%。

(二) 上海不同年龄白领对"上海开埠"问题的回答情况差异及历史比较

如图4-3所示,2019年,在各个年龄阶段的受访者中,回答此问题的正确率均达到了59%以上,其中42—51岁受访者的正确率最高,为70.31%,其次是32—41岁的受访者,为69.22%,再次是52岁及以上的受访者,为63.08%。相比较而言,对这一知识的了解程度,年纪轻的受访者不如年纪长的受访者。

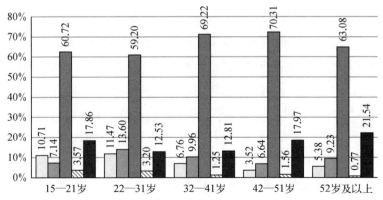

图 4-3 2019年上海不同年龄白领对"上海开埠是基于哪份条约"问题的回答情况

如图 4-4 所示,2013 年,不同年龄段的受访者对此问题回答的正确率均在 44% 以上。其中 36—45 岁受访者的正确率最高,达到了 57.1%,其次是 56 岁及以上的受访者,正确率为 54.9%,再次是 26—35 岁的受访者,正确率为 48.5%。

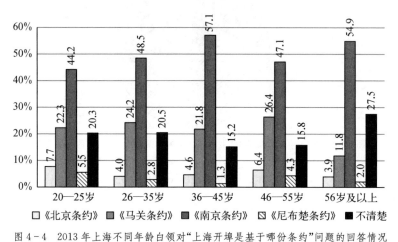

图 4-4 2013 年上海不同年龄白领对"上海开埠是基于哪份条约"问题的回答情况

由于统计口径不一,两组数据对比起来有难度。

(三)上海不同文化程度白领对"上海开埠"问题的回答情况差异及历史比较

如图 4-5 所示,2019 年,在上海白领中,对"上海开埠是基于哪份条约"这个问题的回答,正确率最高的是文化程度为大专(文科)的受访者,达到了 73.31%,其次是文化程度为高中或中专的受访者,为 72.82%,再次是文化程度为研究生及以上(理工科)的受访者,为 68.42%。与此同时,正确率最低的是文化程度为研究生及以上(文科)的受访者,为 47.62%,这一现象应当引起重视。

如图 4-6 所示,2013 年,在上海白领中,对"上海开埠是基于哪份条约"这一问题的回答,正确率最高的是文化程度为大学本科的受访者,为 49.4%,其次是文化程度为大学专科的受访者,为 49.2%,文化程度为研究生及以上受访者的正确率为 45.6%。这些数据说明,受访者对这一历史知识的掌握程度,文化程度不是绝对的影响因素。

由于统计口径不一,两组数据对比起来有难度。

第四章　上海白领城市文化认同调查与历史比较

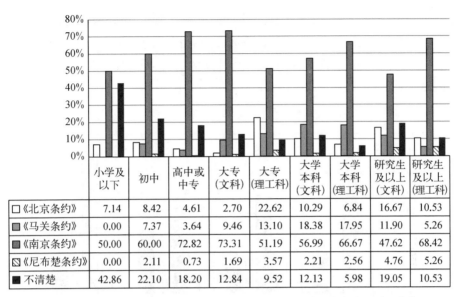

图4-5　2019年上海不同文化程度白领对"上海开埠是基于哪份条约"问题的回答情况

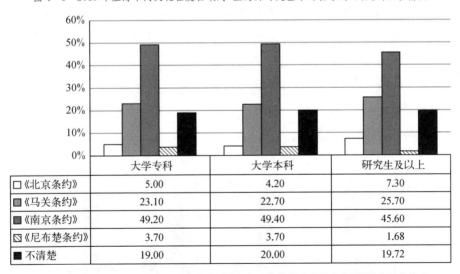

图4-6　2013年上海不同文化程度白领对"上海开埠是基于哪份条约"问题的回答情况

（四）上海不同政治面貌白领对"上海开埠"问题的回答情况差异及历史比较

如图4-7所示,2019年,在上海白领中,受访者的政治面貌为共产党员的正确率为55.26%,政治面貌为共青团员的正确率为48.85%,政治面貌为民主党派的正确率为36.85%,政治面貌为群众的正确率为71.56%。除此之外,对此问题表示不清楚的比例最高的是民主党派的受访者,达到了31.58%。

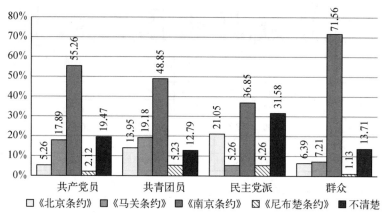

图4-7 2019年上海不同政治面貌白领对"上海开埠是基于哪份条约"问题的回答情况

如图4-8所示,2013年,在上海白领中,受访者的政治面貌为共产党员的正确率为49.9%,政治面貌为共青团员的正确率为45.8%,政治面貌为民主党派的正确率为45.2%,政治面貌为群众的正确率为50%。对此问题表示不清楚的民主党派的受访者比例最高,为25.8%。

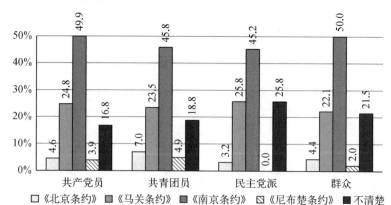

图4-8 2013年上海不同政治面貌白领对"上海开埠是基于哪份条约"问题的回答情况

对比两组数据可知,2019年,不同政治面貌的受访者中,除民主党派的受访者之外,其余各政治面貌的受访者对此问题回答的正确率均有所提高,群众受访者的正确率升幅最大,达21.56个百分点。

二、上海白领的城市生活体验

(一) 上海白领对"恩格尔系数"问题的回答情况及历史比较

如图4-9所示,2019年,在上海白领中,62.4%的受访者对恩格尔系数是什么做出了正确的理解,即恩格尔系数是食品支出总额占家庭或者个人消费支出总额的百分比;23.98%的受访者误认为恩格尔系数是家庭或个人消费支出总额占食品支出总额的百分比。除此之外,还有4.74%的受访者表示不知道恩格尔系数,8.88%的受访者表示听说过但搞不清楚。

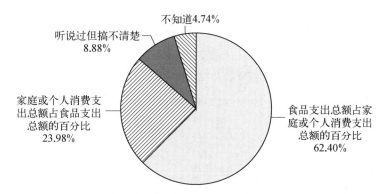

图4-9　2019年上海白领对"恩格尔系数"问题的回答情况

如图4-10所示,2013年,在上海白领中,66.7%的受访者对恩格尔系数是什么做出了正确的理解,即恩格尔系数是食品支出总额占家庭或者个人消费支出总额的百分比;17.1%的受访者误认为恩格尔系数是家庭或个人消费支出总额占食品支出总额的百分比。除此之外,还有7.6%的受访者表示不知道恩格尔系数,8.6%的受访者表示听说过但搞不清楚。

对比两组数据可知,对于"恩格尔系数"是什么,2013年上海白领的正确率为66.7%,2019年的正确率为62.4%,下降了4.3个百分点。

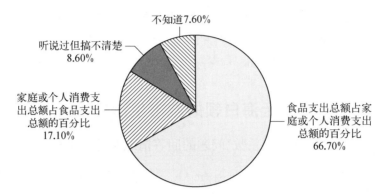

图 4-10 2013 年上海白领对"恩格尔系数"问题的回答情况

(二) 上海不同年龄白领对"恩格尔系数"问题的回答情况差异及历史比较

如图 4-11 所示,2019 年,在上海白领中,15—21 岁受访者的正确率为 64.28%,表示不知道的为 14.29%;22—31 岁受访者的正确率为 66.4%,表示不知道的为 1.87%;32—41 岁受访者的正确率为 65.48%,表示不知道的为 4.63%;42—51 岁受访者的正确率为 52.73%,表示不知道的为 6.23%;52 岁及以上受访者的正确率为 56.15%,表示不知道的为 8.47%。

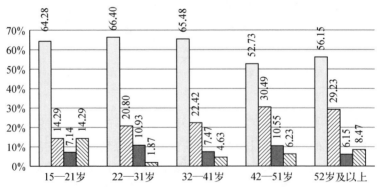

图 4-11 2019 年上海不同年龄白领对"恩格尔系数"问题的回答情况

如图 4-12 所示,2013 年,在上海白领中,20—25 岁受访者的正确率为 67.6%,表示不知道的为 6.2%;26—35 岁受访者的正确率为 66.8%,表示不知道的为 9.1%;36—45 岁受访者的正确率最高,为 69.5%,表示不知道的为 7.6%;46—55 岁受访者的正确率 60.7%,表示不知道的为 5%;56 岁及以上受访者的正确率为 47.1%。

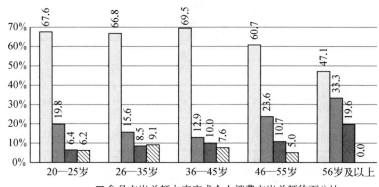

图 4-12　2013 年上海不同年龄白领对"恩格尔系数"问题的回答情况

由于统计口径不一,两组数据对比起来有难度。

(三) 上海不同文化程度白领对"恩格尔系数"问题的回答情况差异及历史比较

如图 4-13 所示,2019 年,上海白领对"恩格尔系数"问题的回答,文化程度为研究生及以上(文科)受访者的正确率最高,达到了 80.95%,其次是文化程度为研究生及以上(理工科)受访者,为 78.95%。正确率最低的是文化程度为大专(理工科)受访者,正确率为 44.04%。

如图 4-14 所示,2013 年,上海白领对"恩格尔系数"问题的回答,文化程度为硕士研究生的受访者的正确率最高,为 77.8%,其次是文化程度为大学本科的受访者,正确率为 67.4%,再次是文化程度为博士研究生的受访者,正确率为 63.2%。

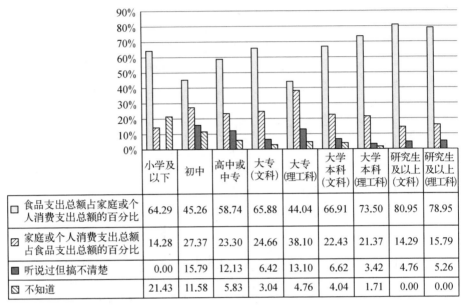

图 4-13　2019年上海不同文化程度白领对"恩格尔系数"问题的回答情况

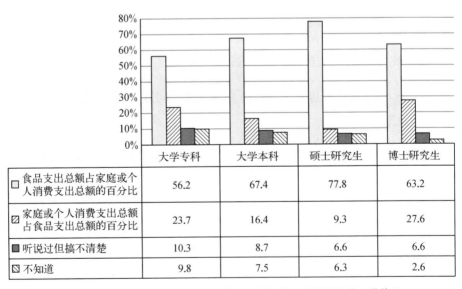

图 4-14　2013年上海不同文化程度白领对"恩格尔系数"问题的回答情况

由于统计口径不一,两组数据对比起来有难度。

(四)上海不同月收入白领对"恩格尔系数"问题的回答情况差异及历史比较

如图 4-15 所示,2019 年,上海白领对"恩格尔系数"问题的回答,正确率最高的是月收入在 5 001—7 000 元的受访者,达到了 68.75%,正确率最低的是月收入在 2 001—3 000 元的受访者,仅为 42.55%。

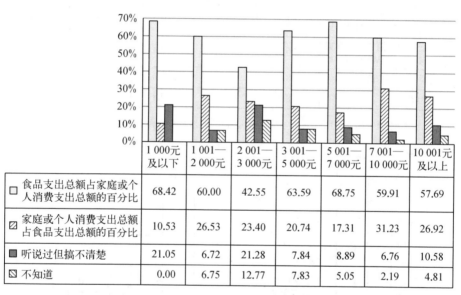

	1 000元及以下	1 001—2 000元	2 001—3 000元	3 001—5 000元	5 001—7 000元	7 001—10 000元	10 001元及以上
□ 食品支出总额占家庭或个人消费支出总额的百分比	68.42	60.00	42.55	63.59	68.75	59.91	57.69
▨ 家庭或个人消费支出总额占食品支出总额的百分比	10.53	26.53	23.40	20.74	17.31	31.23	26.92
■ 听说过但搞不清楚	21.05	6.72	21.28	7.84	8.89	6.76	10.58
▨ 不知道	0.00	6.75	12.77	7.83	5.05	2.19	4.81

图 4-15 2019 年上海不同月收入白领对"恩格尔系数"问题的回答情况

如图 4-16 所示,2013 年,上海白领对"恩格尔系数"问题的回答,当月收入在 50 000 元以下时,总体上受访者月收入越高,正确率越高,并且正确率均在 60%以上;50 001 元及以上受访者回答的正确率最低,为 54.5%。

由于统计口径不一,两组数据对比起来有难度。

(五)上海不同居住地白领对"恩格尔系数"问题的回答情况差异及历史比较

如图 4-17 所示,2019 年,上海白领对"恩格尔系数"问题的回答,居住地为城镇的受访者的正确率为 63.17%,表示不知道的比例为 4.4%;居住地为农村

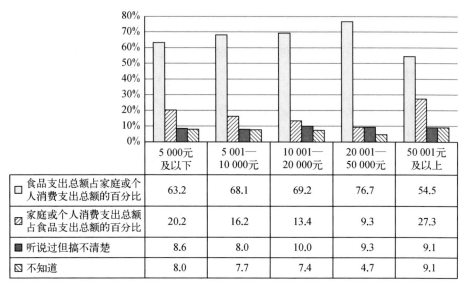

图 4-16　2013 年上海不同月收入白领对"恩格尔系数"问题的回答情况

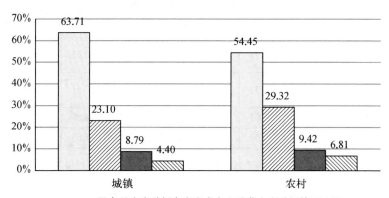

图 4-17　2019 年上海不同居住地白领对"恩格尔系数"问题的回答情况

的受访者的正确率为 54.45%，表示不知道的比例为 6.81%。

如图 4-18 所示，2013 年，上海白领对"恩格尔系数"问题的回答，居住地为城镇的受访者的正确率为 67.4%，表示不知道的比例为 7.4%；居住地为农村的受访者的正确率为 55.8%，表示不知道的比例为 11.8%。

第四章　上海白领城市文化认同调查与历史比较

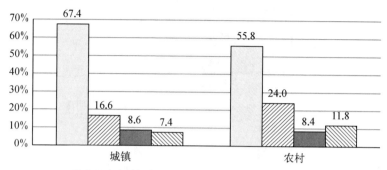

图4-18　2013年上海不同居住地白领对"恩格尔系数"问题的回答情况

对比两组数据可知,2019年,不同居住地的受访者的正确率均有一定程度的下降,但居住地为城镇的受访者的正确率在2013年和2019年都要明显高于居住地为农村的受访者。

三、上海白领对城市地标的认同

(一) 上海白领对城市地标的认同情况及历史比较

如图4-19所示,2019年,上海白领对"最能代表上海的标志性建筑"这个问题的回答,有69.43%的受访者选择了东方明珠,24.94%的受访者选择了外滩,2.96%的受访者选择了城隍庙。还有受访者选择了淮海中路和大世界,所占比例分别为1.41%和0.89%。可见,大多数受访者认同东方明珠和外滩是最能代表上海的标志性建筑。

如图4-20所示,2013年,上海白领对"最能代表上海的标志性建筑"这个问题的回答,有48.2%的受访者选择了东方明珠,39.6%的受访者选择了外滩,有6.5%的受访者选择了城隍庙,还有3.9%和0.7%的受访者分别选择了淮海中路和大世界。

对比两组数据可知,2019年,受访者选择东方明珠的比例增加了21.23个

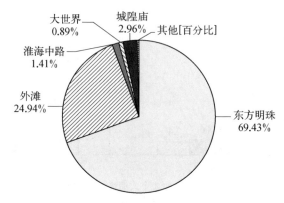

图 4-19 2019 年上海白领对"最能代表上海的标志性建筑"问题的回答情况

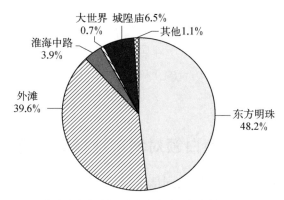

图 4-20 2013 年上海白领对"最能代表上海的标志性建筑"问题的回答情况

百分点,选择外滩的比例减少了 14.66 个百分点。总体来说,在受访者心目中,东方明珠和外滩是上海最重要的两个地标。

　　东方明珠能够成为上海的地标性建筑,意义重大。这意味着中国改革开放的成就通过浦东的发展体现了出来,尤其是通过东方明珠这一建筑体现了出来。以东方明珠为核心的陆家嘴建筑群成为中国改革开放的代表,体现着社会主义的优越性和中国发展道路所取得的巨大成就。此外,东方明珠还与现代化有关系,可称为现代化的标志,或者说是现代性的建筑。东方明珠是浦东开发开放后第一个重点工程,仅在建成后的 10 年内就接待了 295 位外国首脑,举办了近 100 次世界级重要会议和 300 多场大型活动,成为上海对外宣传的重要窗口。这也是东方明珠迅速成为地标性建筑的原因。

另外,外滩是让上海人印象最深刻的建筑之一,尤其是"情人墙"更是承载了上海人的爱情记忆。2018年3月,外滩在全面推进"第一立面"(即临江建筑群)功能置换的基础上,同步启动了"第二立面"(即非临江的外滩建筑群)功能置换工作,外滩作为上海地标的地位也是不可撼动的。

(二)上海不同性别白领对城市地标的认同情况差异及历史比较

如图4-21所示,2019年,在上海白领中,男性受访者中有69.03%的人选择了东方明珠,而女性受访者为69.72%;男性受访者中选择外滩的比例为25.31%,女性受访者为24.68%。

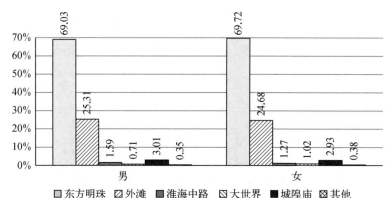

图4-21 2019年上海不同性别白领对"最能代表上海的标志性建筑"问题的回答情况

如图4-22所示,2013年,在上海白领中,男性受访者中有46.8%的人选择了东方明珠,而女性受访者为50.1%,比男性受访者多了3.3个百分点;有39%的男性受访者和39.8%的女性受访者选择了外滩。

对比两组数据可知,2019年,男性受访者和女性受访者选择东方明珠的比例分别提高了22.23个百分点和19.62个百分点。这说明东方明珠已经成为受访者心目中较能代表上海的地标性建筑。

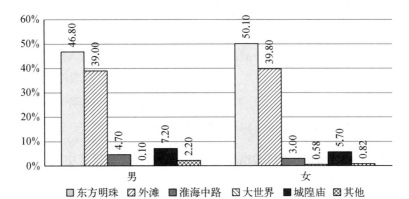

图4-22 2013年上海不同性别白领对"最能代表上海的标志性建筑"问题的回答情况

（三）上海不同月收入白领对城市地标的认同情况差异及历史比较

如图4-23所示，2019年，在上海白领中，不同月收入的受访者都倾向于将东方明珠作为上海的标志性建筑，其中月收入在7 001—10 000元的受访者选择东方明珠的比例最高，达到了72.49%，其次是月收入在10 001元及以上的受访

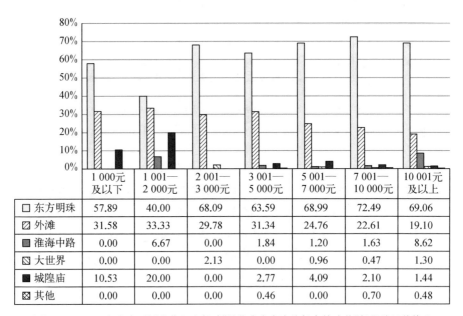

图4-23 2019年上海不同月收入白领对"最能代表上海的标志性建筑"问题的回答情况

者,为 69.06%,再次是月收入 5 001—7 000 元的受访者,为 68.99%。

如图 4-24 所示,2013 年,在上海白领中,月收入在 50 001 元及以上的受访者选择外滩的比例为 40.9%,与选择东方明珠的比例相同;月收入在 5 000 元及以下的受访者选择外滩的比例为 33%,选择东方明珠的比例为 54.4%,且选择东方明珠的比例是不同月收入受访者中最高的。

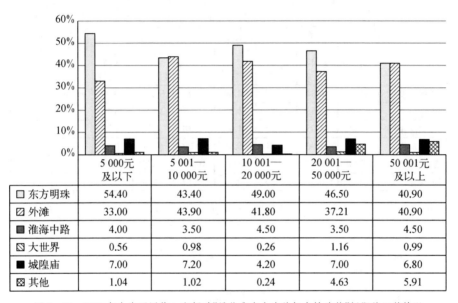

图 4-24　2013 年上海不同收入白领对"最能代表上海的标志性建筑"问题的回答情况

由于统计口径不一,两组数据对比起来有难度。

(四)上海不同文化程度白领对城市地标的认同情况差异及历史比较

如图 4-25 所示,2019 年,对于选择东方明珠作为上海标志性建筑这一选项,文化程度为大专(文科)的受访者的选择率最高,为 74.66%,其次是文化程度为高中或中专的受访者,为 73.54%。除此之外,不同文化程度的受访者几乎对东方明珠的认同度普遍较高,只有文化程度为研究生及以上(理工科)的受访者认为外滩比东方明珠更能作为"最能代表上海的标志性建筑"。

如图 4-26 所示,2013 年,在上海白领中,不同文化程度的受访者选择东方明珠的比例都是最高的,其中选择率最高的是文化程度为大学专科的受访者,为

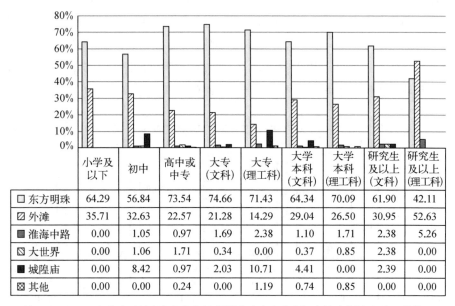

图4-25 2019年上海不同文化程度白领对"最能代表上海的标志性建筑"问题的回答情况

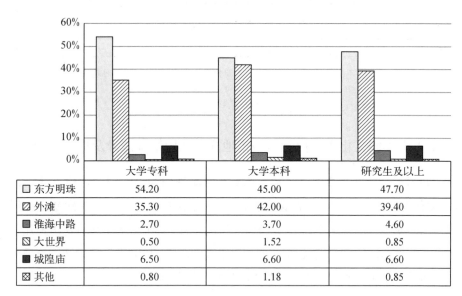

图4-26 2013年上海不同文化程度白领对"最能代表上海的标志性建筑"问题的回答情况

54.2%,其次是文化程度为硕士研究生的受访者,为47.7%。而文化程度为大学本科的受访者中选择外滩的比例仅比选择东方明珠的低了3个百分点。

对比两组数据可知,不同文化程度的受访者对东方明珠都有一种独特的情怀,但外滩作为上海的著名景点,在许多受访者的心目中依然有着相当分量。

第五章　上海白领城市生活体验调查与历史比较

一、上海白领关于公共道德的认知

(一) 上海白领对老幼病残孕专座被占用的认知情况及历史比较

为了更好地体现城市文明程度和提升公交系统服务水平,城市规划者总是会根据一些特殊群体的需求来做设计,"老幼病残孕"公交专座就是其中一个重要方面。

如图5-1所示,2019年,57.15%的受访者选择"如果有座位,我可能会坐;但是如果旁边有需要让座的'老幼病残孕',我会主动让座";22.35%受访者选择"上海城市太大,路途太远,出门在外的人都很辛苦,好不容易有座歇脚,可以理解,这是上海的特殊现象,没什么";13.55%的受访者则选择"我不但会自己主动让座,还会提醒他人为'老幼病残孕'让座";而"我只负责管好我自己,如果是别人占座不让的话,我宁可选择保持沉默"和"没什么想法,不关我的事"的选择率为4.96%和1.99%。

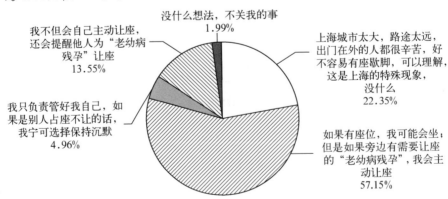

图5-1　2019年上海白领对老幼病残孕专座被占用的总体看法

如图5-2所示,2013年,7.3%的受访者表示"我只负责管好我自己,如果是别人占座不让的话,我宁可选择保持沉默",15.2%的受访者则选择"上海城市太大,路途太远,出门在外的人都很辛苦,好不容易有个座歇歇脚,可以理解,这是上海的特殊现象,没什么";而"我不但会自己主动让座,还会提醒他人为'老幼病残孕'让座"与"如果有座位,我可能会坐;但是如果旁边有需要让座的'老幼病残孕',我会主动让座"的选择率则相差不大,分别是7.4%和68.5%。

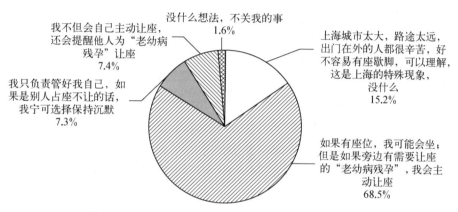

图5-2 2013年上海白领对老幼病残孕专座被占用的总体看法

对比两组数据可知,2019年,受访者选择"如果有座位,我可能会坐;但是如果旁边有需要让座的'老幼病残孕',我会主动让座"下降了11.35个百分点,而选择"我不但会自己主动让座,还会提醒他人为'老幼病残孕'让座"上升了6.15个百分点。

(二)上海不同性别白领对老幼病残孕专座被占用的认知情况差异及历史比较

如图5-3所示,2019年,59.67%的女性受访者选择"如果有座位,我可能会坐;但是如果旁边有需要让座的'老幼病残孕',我会主动让座",男性受访者中有53.63%的受访者选择此项;女性受访者中有23.21%的受访者选择"上海城市太大,路途太远,出门在外的人都很辛苦,好不容易有个座歇歇脚,可以理解,这是上海的特殊现象,没什么",男性受访者中有20.88%的受访者持此相同的观点;有17.70%的男性受访者选择"我不但会自己主动让座,还会提醒他人为'老幼病残孕'让座",与女性受访者相比,选择率上升了 7.14 个百分点。但仍有 7.79%的男性受访者和 6.56%女性受访者选择"我只负责管好我自己,如果是别人占座不让的话,我宁可选择保持沉默"和"没什么想法,不关我的事"。

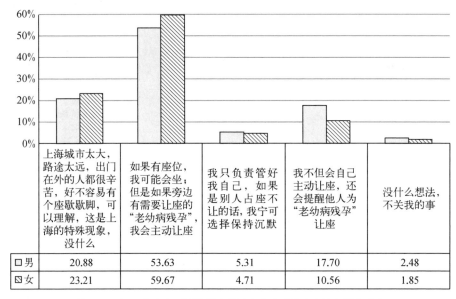

图 5-3　2019 年上海不同性别白领对老幼病残孕专座被占用的看法

如图 5-4 所示,2013 年,5.8%的女性受访者选择"我只负责管好我自己,如果是别人占座不让的话,我宁可选择保持沉默",8.7%的男性白领选择这一观点;对"上海城市太大,路途太远,出门在外的人都很辛苦,好不容易有个座歇歇脚,可以理解,这是上海的特殊现象,没什么"这一观点,男性受访者和女性受访者的选择率分别为 14.2%和 16.3%。此外,男性受访者选择"如果有座位,我可能会坐;但是如果旁边有需要让座的'老幼病残孕',我会主动让座"的为 66%,而女性受访者的选择率为 71.4%;对于"我不但会自己主动让座,还会提醒他人为'老幼病残孕'让座"这一观点,只有 9.2%的男性受访者和 5.3%的女性受访者选择此项。

对比两组数据可知,2019 年,无论男性受访者还是女性受访者,选择"如果有座位,我可能会坐,但是如果旁边有需要让座的'老幼病残孕',我会主动让座"

第五章　上海白领城市生活体验调查与历史比较

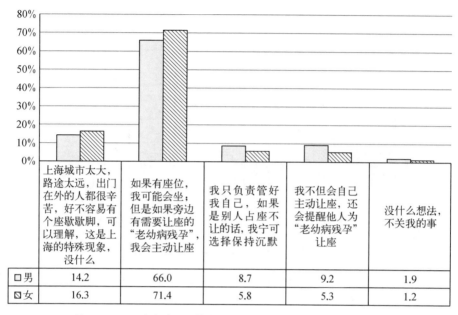

图 5-4　2013 年上海不同性别白领对老幼病残孕专座被占用的看法

的比例都有大幅提升。

（三）上海不同年龄白领对老幼病残孕专座被占用的认知情况差异及历史比较

如图 5-5 所示，2019 年，不同年龄段的受访者中有超过 50％的受访者选择"如果有座位，我可能会坐，但是如果旁边有需要让座的'老幼病残孕'，我会主动让座"这一观点。其中，22—31 岁和 52 岁及以上的受访者选择此项的比例较高，分别为 66.13％和 60％，15—21 岁、32—41 岁以及 42—51 岁受访者的选择率则分别是 50％、51.78％及 55.08％。对"我不但会自己主动让座，还会提醒他人为'老幼病残孕'让座"这一观点，不同年龄段受访者的选择率差距不是特别大，其中比例最高的是 22—31 岁的受访者，达到了 14.67％，比例最低的是 15—21 岁的受访者，为 7.14％。

如图 5-6 所示，2013 年，对"我只负责管好我自己，如果是别人占座不让的话，我宁可选择保持沉默"这一观点，不同年龄段受访者的选择率明显不同，其中 20—25 岁受访者的比例最低，为 5.3％，56 岁及以上受访者的比例最高，达到了

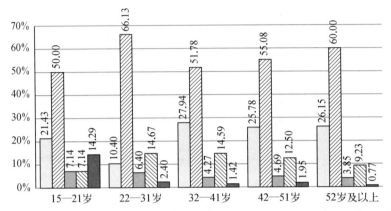

□ 上海城市太大，路途太远，出门在外的人都很辛苦，好不容易有个座歇歇脚，可以理解，这是上海的特殊现象，没什么

☒ 如果有座位，我可能会坐；但是如果旁边有需要让座的"老幼病残孕"，我会主动让座

▩ 我只负责管好我自己，如果是别人占座不让的话，我宁可选择保持沉默

▨ 我不但会自己主动让座，还会提醒他人为"老幼病残孕"让座

■ 没什么想法，不关我的事

图 5-5　2019 年上海不同年龄白领对老幼病残孕专座被占用的看法

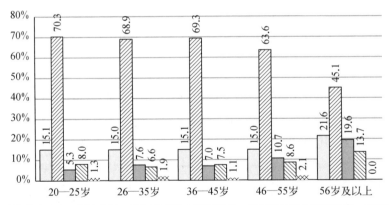

□ 上海城市太大，路途太远，出门在外的人都很辛苦，好不容易有个座歇歇脚，可以理解，这是上海的特殊现象，没什么

☒ 如果有座位，我可能会坐；但是如果旁边有需要让座的"老幼病残孕"，我会主动让座

▩ 我只负责管好我自己，如果是别人占座不让的话，我宁可选择保持沉默

▨ 我不但会自己主动让座，还会提醒他人为"老幼病残孕"让座

■ 没什么想法，不关我的事

图 5-6　2013 年上海不同年龄白领对老幼病残孕专座被占用的看法

19.6%。20—25 岁、26—35 岁、36—45 岁、46—55 岁以及 56 岁以上的受访者选择"上海城市太大,路途太远,出门在外的人都很辛苦,好不容易有个座歇歇脚,可以理解,这是上海的特殊现象,没什么"这一观点的比例分别为 15.1%、15.0%、15.1%、15.0%、21.6%,而选择"如果有座位,我可能会坐;但是如果旁边有需要让座的'老幼病残孕',我会主动让座"这一观点的比例分别为 70.3%、68.9%、69.3%、63.6%、45.1%;不同年龄受访者选择"我不但会自己主动让座,还会提醒他人为'老幼病残孕'让座"这一观点的比例不是特别高,除了 56 岁及以上的受访者比例达到 13.7%之外,其余年龄受访者选择此项的比例均低于 10%。

由于统计口径不一,两组数据对比起来有难度。

(四) 上海不同政治面貌白领对老幼病残孕专座被占用的认知情况差异及历史比较

如图 5-7 所示,2019 年,对"上海城市太大,路途太远,出门在外的人都很辛苦,好不容易有个座歇歇脚,可以理解,这是上海的特殊现象,没什么"这一观点,

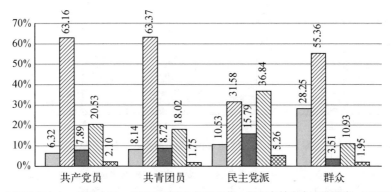

□ 上海城市太大,路途太远,出门在外的人都很辛苦,好不容易有个座歇歇脚,可以理解,这是上海的特殊现象,没什么
▨ 如果有座位,我可能会坐;但是如果旁边有需要让座的"老幼病残孕",我会主动让座
■ 我只负责管好我自己,如果是别人占不让的话,我宁可选择保持沉默
▧ 我不但会自己主动让座,还会提醒他人为"老幼病残孕"让座
■ 没什么想法,不关我的事

图 5-7 2019 年上海不同政治面貌白领对老幼病残孕专座被占用的看法

群众受访者的选择率最高,达到了28.25%;在"如果有座位,我可能会坐;但是如果旁边有需要让座的'老幼病残孕',我会主动让座"的观点上,政治面貌为共产党员和共青团员的受访者选择率相对较高,分别为63.16%和63.37%;在"我不但会自己主动让座,还会提醒他人为'老幼病残孕'让座"的观点上,政治面貌为共产党员、共青团员、民主党派、群众的受访者的选择率分别是20.53%、18.02%、36.84%、10.93%。

如图5-8所示,2013年,对"我只负责管好我自己,如果是别人占座不让的话,我宁可选择保持沉默"的观点,政治面貌为共产党员、共青团员、民主党派、群众的受访者的选择率分别是3.6%、8.1%、9.7%、9.2%。政治面貌为共产党员的受访者选择"如果有座位,我可能会坐;但是如果旁边有需要让座的'老幼病残孕',我会主动让座"的比例最高,为72.5%,而民主党派受访者选择此项的比例最低,为64.5%。

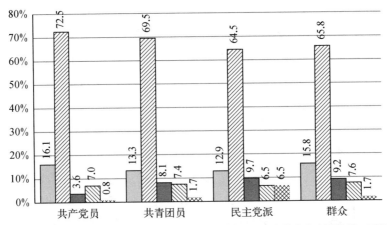

□ 上海城市太大,路途太远,出门在外的人都很辛苦,好不容易有个座歇歇脚,可以理解,这是上海的特殊现象,没什么
▨ 如果有座位,我可能会坐;但是如果旁边有需要让座的"老幼病残孕",我会主动让座
▤ 我只负责管好我自己,如果是别人占座不让的话,我宁可选择保持沉默
▥ 我不但会自己主动让座,还会提醒他人为"老幼病残孕"让座
■ 没什么想法,不关我的事

图5-8 2013年上海不同政治面貌白领对老幼病残孕专座被占用的看法

对比两组数据可知,2019年,对"如果有座位,我可能会坐;但是如果旁边有需要让座的'老幼病残孕',我会主动让座"这一观点,政治面貌为共产党员、共青

团员、民主党派、群众的受访者的选择率都有所下降。

（五）上海不同宗教信仰白领对老幼病残孕专座被占用的认知情况差异及历史比较

如图5-9所示,2019年,对"如果有座位,我可能会坐;但是如果旁边有需要让座的'老幼病残孕',我会主动让座"的观点,有宗教信仰的受访者、无宗教信仰的受访者、说不清自己有无宗教信仰的受访者的选择率较高,分别为68.33%、55.50%、58.91%。可以看出,有宗教信仰的受访者中仅有3.33%的人把此当作他人的事情,而对于无宗教信仰的受访者来说,仅1.44%的人认为此事与他无关。

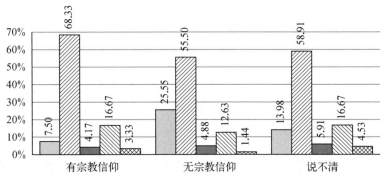

□ 上海城市太大,路途太远,出门在外的人都很辛苦,好不容易有个座歇歇脚,可以理解,这是上海的特殊现象,没什么
▨ 如果有座位,我可能会坐;但是如果旁边有需要让座的"老幼病残孕",我会主动让座
■ 我只负责管好我自己,如果是别人占座不让的话,我宁可选择保持沉默
▩ 我不但会自己主动让座,还会提醒他人为"老幼病残孕"让座
■ 没什么想法,不关我的事

图5-9　2019年上海不同宗教信仰白领对老幼病残孕专座被占用的看法

如图5-10所示,2013年,有宗教信仰的受访者、无宗教信仰的受访者和说不清有无宗教信仰的受访者选择"我只负责管好我自己,如果是别人占座不让的话,我宁可选择保持沉默"的比例分别为7.9%、6.9%、6.5%。此外,对于"没什么想法,不关我的事"的观点,无论有宗教信仰、无宗教信仰的受访者还是说不清有无宗教信仰的受访者,选择率都低于2%。

对比两组数据可知,2019年,不同宗教信仰的受访者对"如果有座位,我可

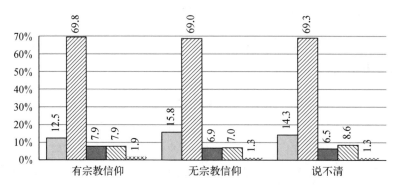

□ 上海城市太大，路途太远，出门在外的人都很辛苦，好不容易有个座歇歇脚，可以理解，这是上海的特殊现象，没什么
▨ 如果有座位，我可能会坐；但是如果旁边有需要让座的"老幼病残孕"，我会主动让座
▤ 我只负责管好我自己，如果是别人占座不让的话，我宁可选择保持沉默
▧ 我不但会自己主动让座，还会提醒他人为"老幼病残孕"让座
■ 没什么想法，不关我的事

图 5-10 2013 年上海不同宗教信仰白领对老幼病残孕专座被占用的看法

能会坐；但是如果旁边有需要让座的'老幼病残孕'，我会主动让座"的选择率都呈现下降的趋势；选择"我不但会自己主动让座，还会提醒他人为'老幼病残孕'让座"的比例都有所提升。

（六）上海不同文化程度白领对老幼病残孕专座被占用的认知情况差异及历史比较

如图 5-11 所示，2019 年，对"如果有座位，我可能会坐；但是如果旁边有需要让座的'老幼病残孕'，我会主动让座"这一观点，大专及以上文化程度的受访者中，理工科受访者的选择率普遍高于文科受访者，其中大专（文科）受访者选择率为 57.09%，大专（理工科）受访者选择率为 58.33%，大学本科（文科）受访者选择率为 63.97%，大学本科（理工科）受访者选择率为 65.81%，研究生及以上（文科）受访者选择率为 59.52%，研究生及以上（理工科）受访者选择率为 68.42%。对"我不但会自己主动让座，还会提醒他人为'老幼病残孕'让座"这一观点，选择率最高的是文化程度为大专（理工科）和研究生及以上（文科）的受访者，均为 16.67%，选择率最低的是文化程度为研究生及以上（理工科）的受访者，仅为 5.26%。

第五章　上海白领城市生活体验调查与历史比较

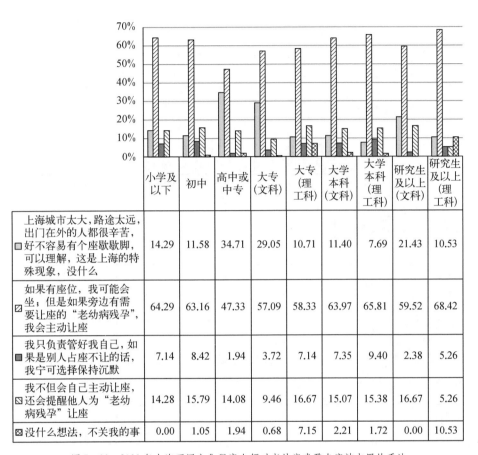

	小学及以下	初中	高中或中专	大专（文科）	大专（理工科）	大学本科（文科）	大学本科（理工科）	研究生及以上（文科）	研究生及以上（理工科）
上海城市太大，路途太远，出门在外的人都很辛苦，好不容易有个座歇歇脚，可以理解，这是上海的特殊现象，没什么	14.29	11.58	34.71	29.05	10.71	11.40	7.69	21.43	10.53
如果有座位，我可能会坐；但是如果旁边有需要让座的"老幼病残孕"，我会主动让座	64.29	63.16	47.33	57.09	58.33	63.97	65.81	59.52	68.42
我只负责管好我自己，如果是别人占座不让的话，我宁可选择保持沉默	7.14	8.42	1.94	3.72	7.14	7.35	9.40	2.38	5.26
我不但会自己主动让座，还会提醒他人为"老幼病残孕"让座	14.28	15.79	14.08	9.46	16.67	15.07	15.38	16.67	5.26
没什么想法，不关我的事	0.00	1.05	1.94	0.68	7.15	2.21	1.72	0.00	10.53

图 5-11　2019 年上海不同文化程度白领对老幼病残孕专座被占用的看法

如图 5-12 所示，2013 年，大学专科、大学本科、研究生及以上文化程度的受访者选择"我只负责管好我自己，如果是别人占座不让的话，我宁可选择保持沉默"的比例分别是 8.5%、7.3%、5.6%。其中，大学专科受访者的选择率最高，为 8.5%。对于"如果有座位，我可能会坐；但是如果旁边有需要让座的'老幼病残孕'，我会主动让座"，选择率最高的是文化程度为研究生及以上的受访者，为 71.4%。

对比两组数据可知，2019 年，对"我只负责管好我自己，如果是别人占座不让的话，我宁可选择保持沉默"，文化程度为研究生及以上（理工科）受访者的选择率最低；2013 年，对此项选择率最低的是文化程度为研究生及以上的受

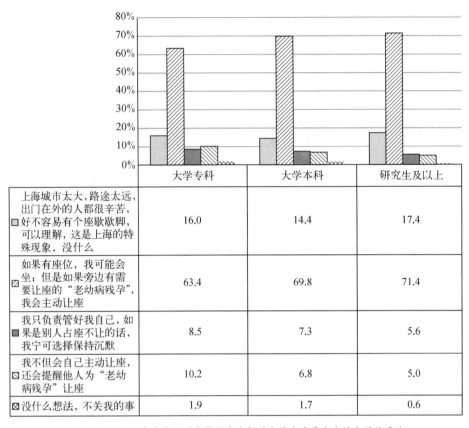

图 5-12 2013 年上海不同文化程度白领对老幼病残孕专座被占用的看法

访者。

(七) 上海不同月收入白领对老幼病残孕专座被占用的认知情况差异及历史比较

如图 5-13 所示，2019 年，上海白领对"如果有座位，我可能会坐；但是如果旁边有需要让座的'老幼病残孕'，我会主动让座"的观点，月收入在 5 001—7 000 元的受访者的选择率最高，为 68.51%，月收入在 7 001—10 000 元的受访者的选择率为 45.92%，月收入在 10 001 元及以上的受访者的选择率为 44.71%；月收入在 2 001 元及以上的受访者中，选择"我不但会自己主动让座，还会提醒他人为'老幼病残孕'让座"的比例均超过 11%，选择率最高的是

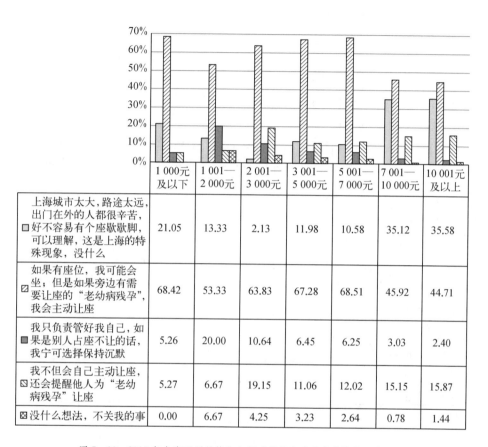

图 5-13 2019年上海不同月收入白领对老幼病残孕专座被占用的看法

2 001—3 000元的受访者,为19.15%。

如图5-14所示,2013年,对"如果有座位,我可能会坐;但是如果旁边有需要让座的'老幼病残孕',我会主动让座"这一观点,月收入在5 001—10 000元的受访者的选择率最高,为71.7%,月收入在5 000元及以下、10 001—20 000元、20 001—50 000以及50 001元及以上的受访者,选择率分别为65.5%、69.9%、65.1%和50.0%。

由于统计口径不一,两组数据对比起来有难度。

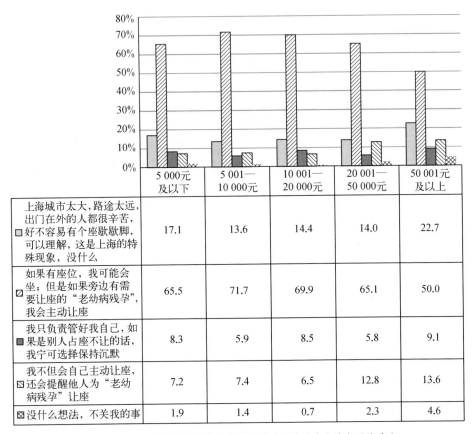

图 5-14 2013年上海不同收入白领对老幼病残孕专座被占用的看法

（八）上海不同居住地白领对老幼病残孕专座被占用的认知情况差异及历史比较

如图 5-15 所示,2019 年,居住地在城镇的受访者对"如果有座位,我可能会坐;但是如果旁边有需要让座的'老幼病残孕',我会主动让座"的选择率为 56.81%,而居住地在农村的受访者对此的选择率为 59.16%,高于居住地为城镇的受访者。在"上海城市太大,路途太远,出门在外的人都很辛苦,好不容易有个座歇歇脚,可以理解,这是上海的特殊现象,没什么"的选择上,居住地在城镇的受访者的选择率为 23.79%,而居住地在农村的受访者的选择率为 18.61%。

如图 5-16 所示,2013 年,居住地在城镇的受访者对"我不但会自己主动让

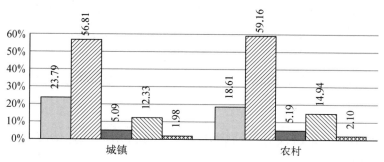

□ 上海城市太大，路途太远，出门在外的人都很辛苦，好不容易有个座歇歇脚，可以理解，这是上海的特殊现象，没什么
▨ 如果有座位，我可能会坐；但是如果旁边有需要让座的"老幼病残孕"，我会主动让座
▤ 我只负责管好我自己，如果是别人占座不让的话，我宁可选择保持沉默
▦ 我不但会自己主动让座，还会提醒他人为"老幼病残孕"让座
▪ 没什么想法，不关我的事

图 5-15　2019 年上海不同居住地白领对老幼病残孕专座被占用的看法

座,还会提醒他人为'老幼病残孕'让座"的选择率为 7.1%,居住地在农村的受访者对此的选择率为 11.7%,但要高于居住地为城镇的受访者。在"上海城市太大,路途太远,出门在外的人都很辛苦,好不容易有个座歇歇脚,可以理解,这是上海的特殊现象,没什么"的选择上,居住地在城镇的受访者的选择率为 14.8%,而居住地在农村的受访者的选择率为 20.8%。

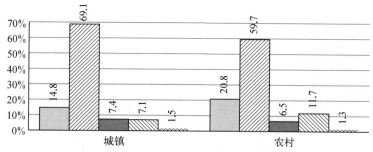

□ 上海城市太大，路途太远，出门在外的人都很辛苦，好不容易有个座歇歇脚，可以理解，这是上海的特殊现象，没什么
▨ 如果有座位，我可能会坐；但是如果旁边有需要让座的"老幼病残孕"，我会主动让座
▤ 我只负责管好我自己，如果是别人占座不让的话，我宁可选择保持沉默
▦ 我不但会自己主动让座，还会提醒他人为"老幼病残孕"让座
▪ 没什么想法，不关我的事

图 5-16　2013 年上海不同居住地白领对老幼病残孕专座被占用的看法

对比两组数据可知,2019 年,居住地为城镇的受访者对"上海城市太大,路途太远,出门在外的人都很辛苦,好不容易有个座歇歇脚,可以理解,这是上海的特殊现象,没什么"的选择率有小幅上升;与此同时,他们对"我不但会自己主动让座,还会提醒他人为'老幼病残孕'让座"的选择率也有小幅上升。

(九) 上海不同户籍白领对老幼病残孕专座被占用的认知情况差异及历史比较

如图 5-17 所示,2019 年,本地户籍受访者对"如果有座位,我可能会坐;但是如果旁边有需要让座的'老幼病残孕',我会主动让座"的选择率为 56.68%,外地户籍受访者对此的选择率为 57.82%,两者相差不大。对"上海城市太大,路途太远,出门在外的人都很辛苦,好不容易有个座歇歇脚,可以理解,这是上海的特殊现象,没什么"这一观点,本地户籍受访者和外地户籍受访者的选择率分别为 18.85% 和 27.45%。除此之外,对"我不但会自己主动让座,还会提醒他人为'老幼病残孕'让座",本地户籍和外地户籍受访者的选择率分别为 15.11% 和 11.27%。

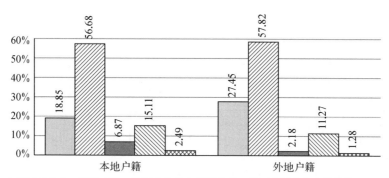

图 5-17 2019 年不同户籍上海白领对老幼病残孕专座被占用的看法

如图 5-18 所示,2013 年,本地户籍受访者对"我不但会自己主动让座,还会提醒他人为'老幼病残孕'让座"的选择率为 7.4%,外地户籍受访者为 7.5%,略高于本地户籍受访者;有 14.9% 的本地户籍受访者选择"上海城市太大,路途太远,出门在外的人都很辛苦,好不容易有个座歇歇脚,可以理解,这是上海的特殊现象,没什么"这一观点,而外地户籍受访者为 15.3%。

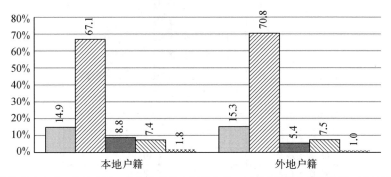

□ 上海城市太大,路途太远,出门在外的人都很辛苦,好不容易有个座歇歇脚,可以理解,这是上海的特殊现象,没什么
▨ 如果有座位,我可能会坐;但是如果旁边有需要让座的"老幼病残孕",我会主动让座
■ 我只负责管好我自己,如果是别人占座不让的话,我宁可选择保持沉默
▧ 我不但会自己主动让座,还会提醒他人为"老幼病残孕"让座
■ 没什么想法,不关我的事

图 5-18　2013 年不同户籍上海白领对老幼病残孕专座被占用的看法

对比两组数据可知,2019 年,无论是本地户籍受访者还是外地户籍受访者,对"如果有座位,我可能会坐;但是如果旁边有需要让座的'老幼病残孕',我会主动让座"的选择率都有大幅下降;对"我不但会自己主动让座,还会提醒他人为'老幼病残孕'让座"的选择率,无论是本地户籍受访者还是外地户籍受访者都有小幅上升。

二、上海白领关于城市生活观念的认知

(一)上海白领对处理余钱方式的总体选择情况及历史比较

如图 5-19 所示,2019 年,受访者的总选择率中,选择把钱存入银行的比例为 69.43%,有 30.57% 的受访者更愿意把钱投入其他领域。受访者中愿意购买

企业债券的为 36.71%；愿意购买国债的为 57.44%；愿意购买基金的为 40.19%。对于投资风险比较大的股市，受访者选择率为 33.38%。总体来看，受访者更愿意把余钱存入银行、购买国债及基金。

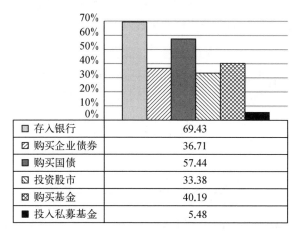

图 5-19　2019 年上海白领对处理余钱方式的总体选择情况

如图 5-20 所示，2013 年，上海白领处理余钱的方式多种多样，最受欢迎的是存入银行、购买基金以及购买国债，总选择率分别为 56.6%、50.3%、47.8%；对于投资风险比较大的方式，如投入私募基金、购买企业债券以及投资股市，总选择率分别是 18.8%、28.3%、32.1%。

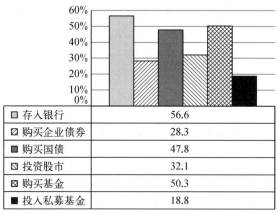

图 5-20　2013 年上海白领对处理余钱方式的总体选择情况

第五章　上海白领城市生活体验调查与历史比较

对比两组数据可知,受访者对待余钱的方式及观念较传统。2019 年,受访者选择把余钱用于存入银行的比例比 2013 年上升了 12.83 个百分点;而选择购买国债和企业债券的比例较 2013 年分别提升了 9.64 个百分点、8.41 个百分点。

(二)上海不同性别白领对处理余钱方式的总体选择情况差异及历史比较

如图 5 – 21 所示,2019 年,男性受访者中,28.29% 的受访者选择将手中多余的钱存入银行,23.97% 的受访者选择购买国券,16.08% 的受访者选择购买基金;女性受访者中,31.84% 的受访者选择把钱存入银行,24.46% 的受访者选择购买国券,15.76% 的受访者选择购买企业债券。

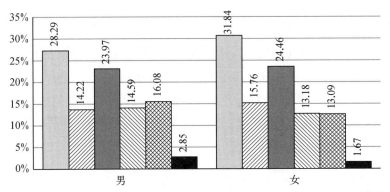

图 5 – 21　2019 年上海不同性别白领对处理余钱方式的选择情况

如图 5 – 22* 所示,2013 年,男性受访者中,53.8% 的受访者选择将手中的余钱存入银行,49.5% 的受访者选择购买基金,47% 的受访者选择购买国债;女性受访者中,59.8% 的受访者选择把钱存入银行,51.3% 的受访者选择购买基金,48.7% 受访者选择购买国债。

对比两组数据可知,无论是男性受访者还是女性受访者,他们对处理余钱方式的总体选择上,选择最多的是把钱存入银行。

---

* 注:2013 年调查数据,各项数据之和大于 100%,其原因是 2013 年调查问卷设定的是前三项排序选择,故图中显示的结果是在选择前三项排序情况下的第一位的百分比。本章图 5 – 24、图 5 – 26、图 5 – 28 均是这种情况,特作情况说明。

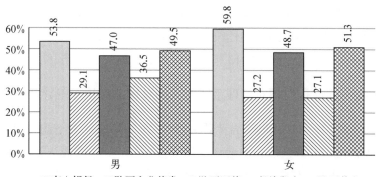

图 5-22　2013 年上海不同性别白领对处理余钱方式的选择情况

（三）上海不同年龄白领对处理余钱方式的总体选择情况差异及历史比较

如图 5-23 所示，2019 年，不同年龄段的受访者选择将余钱存入银行的比例均为最高。其中，52 岁及以上的受访者将钱存入银行的比例达到了 33.23%。值得注意的是，这些不同年龄的受访者选择将余钱投入私募基金的比例最小，均低于 10%。从这里可以看出，大部分受访者的投资观念较为保守，一般选择风险较小的处理余钱方式。

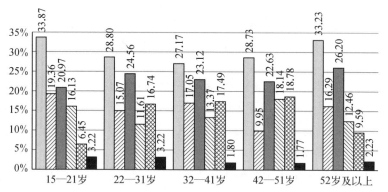

图 5-23　2019 年上海不同年龄白领对处理余钱方式的选择情况

如图 5-24 所示，2013 年，随着年龄的增大，受访者更愿意选择将多余的钱存入银行，其中 56 岁及以上的受访者对此的选择率最高，为 68.6%。

第五章 上海白领城市生活体验调查与历史比较

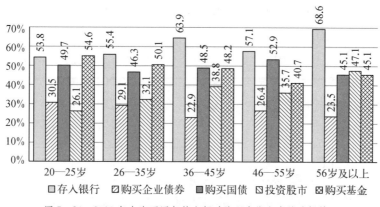

图 5-24 2013 年上海不同年龄白领对处理余钱方式的选择情况

由于统计口径不一,两组数据对比起来有难度。

(四)上海不同月收入白领对处理余钱方式的总体选择情况差异及历史比较

如图 5-25 所示,2019 年,不同月收入的受访者,其最主要的余钱处理方式还是存入银行。其中月收入在 2 001—3 000 元的受访者中,有 35.05% 的人选择将余钱存入银行,比例最高,月收入在 3 001—5 000 元的受访者中,有 33.62% 的

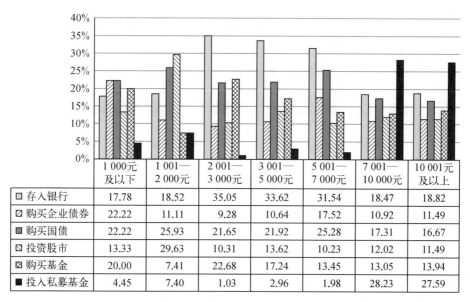

	1 000元及以下	1 001—2 000元	2 001—3 000元	3 001—5 000元	5 001—7 000元	7 001—10 000元	10 001元及以上
存入银行	17.78	18.52	35.05	33.62	31.54	18.47	18.82
购买企业债券	22.22	11.11	9.28	10.64	17.52	10.92	11.49
购买国债	22.22	25.93	21.65	21.92	25.28	17.31	16.67
投资股市	13.33	29.63	10.31	13.62	10.23	12.02	11.49
购买基金	20.00	7.41	22.68	17.24	13.45	13.05	13.94
投入私募基金	4.45	7.40	1.03	2.96	1.98	28.23	27.59

图 5-25 2019 年上海不同月收入白领对处理余钱方式的选择情况

人选择将余钱存入银行,月收入在10 001元及以上的受访者中,有18.82%的人选择将余钱存入银行。

如图5-26所示,2013年,月收入在5 000元及以下的受访者中,有60.7%的人选择将剩余的钱存入银行。月收入在5 001—10 000元的受访者中,选择将余钱购买基金的比例是最高的,为52.9%。

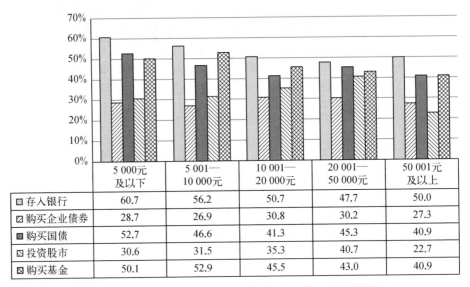

图5-26 2013年上海不同月收入白领对处理余钱方式的选择情况

由于统计口径不一,两组数据对比起来有难度。

(五) 上海不同文化程度白领对处理余钱方式总体选择情况差异及历史比较

如图5-27所示,2019年,大专(文科)文化程度的受访者选择把余钱存入银行作为投资方式的比例最高,为30.95%,大学本科(文科)文化程度的受访者选择把余钱存入银行作为投资方式的比例为29.15%,而大专(理工科)和大学本科(理工科)文化程度的受访者把余钱存入银行的比例分别为29.34%、25.17%。选择将购买国券作为投资方式的受访者也占有一定的比例,不同文化程度受访者的选择率均达到了20%以上。总体上来看,不同文化程度的受访者几乎都将把余钱存入银行作为首选,但文化程度越高的受访者越不倾向于把余钱存入银行。

如图5-28所示,2013年,大学专科文化程度的受访者选择把余钱存入银行

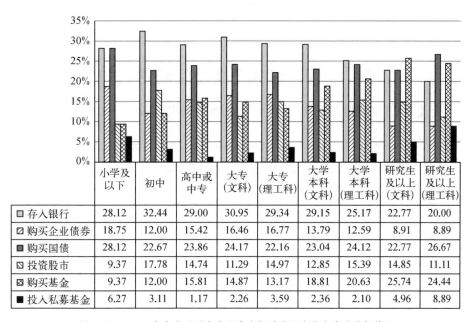

图5-27 2019年上海不同文化程度白领对处理余钱方式的选择情况

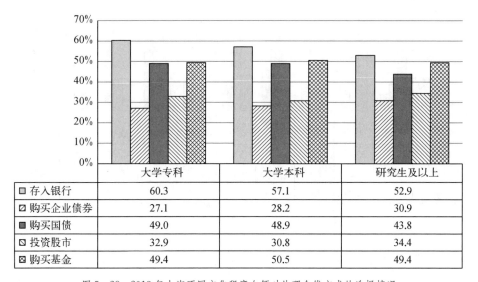

图5-28 2013年上海不同文化程度白领对处理余钱方式的选择情况

的比例最高,为60.3%,大学本科文化程度的受访者对此的选择率为57.1%,研究生以及以上文化程度的受访者对此的选择率为52.9%。除此之外,不同文化程度的受访者对购买基金这一投资方式均较为认可,选择率都在49.4%以上。

由于统计口径不一,两组数据对比起来有难度。

三、上海白领关于生活话题的认知

(一) 上海白领茶余饭后谈论的主要话题及历史比较

如图5-29所示,2019年,在第一选择上,受访者在茶余饭后关注较多的是国内外局势、时事热点以及房价,分别占27.47%、23.43%、12.90%,而对其余话题的关注度均在10%以下。在第二选择上,有17.04%的受访者选择在茶余饭后关注股票,有16.20%的白领关注物价问题。在第三选择上,受访者对娱乐八卦、心灵成长、信仰以及其他类话题的关注度较高,分别占15.07%、17.34%、17.14%、17.84%。

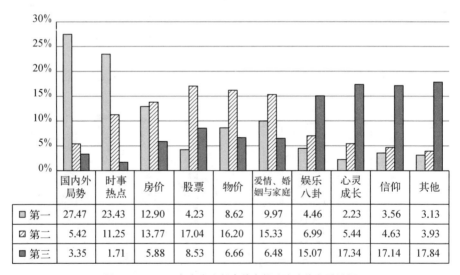

图5-29 2019年上海白领在茶余饭后谈论的主要话题

如图5-30所示,2013年,在第一选择上,有37.9%的受访者选择谈论时事热点问题,其次有16.1%的受访者选择谈论爱情、婚姻与家庭问题。在第二选择上,受访者主要会讨论时事热点、房价以及爱情、婚姻与家庭问题,依次占 19.4%、19.3%和 17.9%。在第三选择上,受访者谈论娱乐八卦的比例为 18.3%,谈论爱情、婚姻与家庭的比例为 15.9%,选择时事热点和房价问题的占 10.3%、13%。

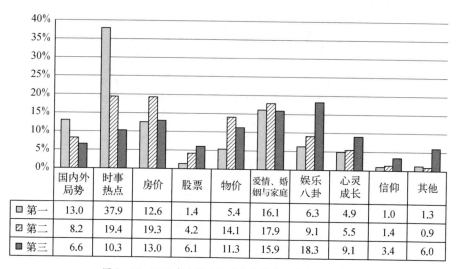

图 5-30 2013 年上海白领在茶余饭后谈论的主要话题

对比两组数据可知,2013 年,在第一选择上,受访者对国内外局势的关注度为 13.0%,在 2019 年为 27.47%,增长了 14.47 个百分点。可见,在 2019 年,受访者对国内外局势话题的关注度提高了。

(二)上海不同性别白领在茶余饭后谈论的主要话题差异及历史比较

如图 5-31 所示,2019 年,男性受访者在茶余饭后谈论的主要话题是时事热点、房价及国内外局势,占比分别为 22.89%、16.17%、13.04%,而女性受访者在茶余饭后更多关注时事热点,爱情、婚姻与家庭,房价,占比分别为 22.09%、14.76%、14.12%。除此之外,女性受访者在茶余饭后谈论娱乐八卦、心灵成长的比例也要高于男性受访者。

如图 5-32 所示,2013 年,男性受访者在茶余饭后谈论时事热点问题的比例最高,为 40%,女性受访者谈论时事热点问题的比例也最高,为 35.7%。对于国内外局势问题的关注度,男性受访者的选择率为 17.2%,女性受访者的选择率

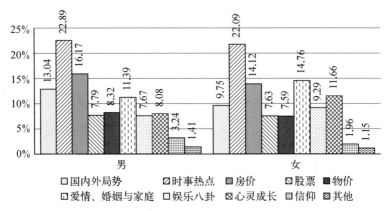

图 5-31 2019 年上海不同性别白领在茶余饭后谈论的主要话题

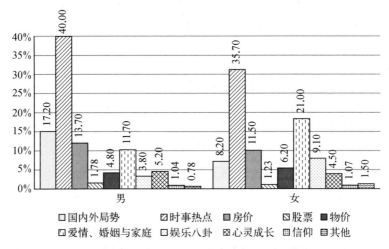

图 5-32 2013 年上海不同性别白领在茶余饭后谈论的主要话题

为 8.2%。值得注意的是,女性受访者在茶余饭后谈论爱情、婚姻与家庭,娱乐八卦,物价的占比分别为 21%、9.1%、6.2%,而男性受访者相应的选择率则为 11.7%、3.8%、4.8%。

对比两组数据可知,2019 年,男性受访者和女性受访者对时事热点的关注度下降明显,而对房价、股票、物价等的关注度则有所上升。

(三)上海不同年龄白领在茶余饭后谈论的主要话题差异及历史比较

如图 5-33 所示,2019 年,不同年龄段的受访者谈论时事热点问题的比例均是最高的。其中,22—31岁的受访者中有23.64%的受访者选择谈论时事热点,32—41岁的受访者选择谈论时事热点问题的比例为20.88%,42—51岁的受访者选择谈论时事热点问题的比例为22.66%,52岁及以上的受访者选择谈论时事热点问题的比例为25.90%。对于房价,关注度最高的是32—41岁的受访者,为17.02%。值得注意的是,受访者对股票、物价的关注度,往往年龄越大,关注度越高;而对于爱情、婚姻与家庭,娱乐八卦的关注度,随着年龄的增大,其关注度呈下降趋势。

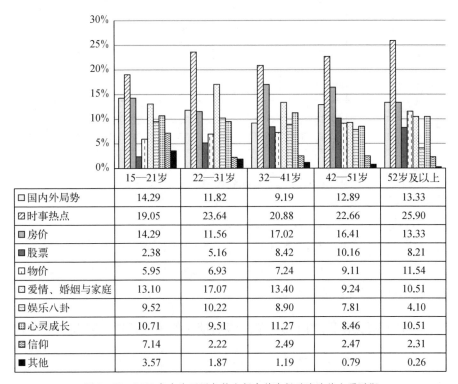

	15—21岁	22—31岁	32—41岁	42—51岁	52岁及以上
国内外局势	14.29	11.82	9.19	12.89	13.33
时事热点	19.05	23.64	20.88	22.66	25.90
房价	14.29	11.56	17.02	16.41	13.33
股票	2.38	5.16	8.42	10.16	8.21
物价	5.95	6.93	7.24	9.11	11.54
爱情、婚姻与家庭	13.10	17.07	13.40	9.24	10.51
娱乐八卦	9.52	10.22	8.90	7.81	4.10
心灵成长	10.71	9.51	11.27	8.46	10.51
信仰	7.14	2.22	2.49	2.47	2.31
其他	3.57	1.87	1.19	0.79	0.26

图5-33 2019年上海不同年龄白领在茶余饭后谈论的主要话题

如图5-34所示,2013年,不同年龄段的受访者中谈论时事热点问题的比例均是最高的,其中20—25岁的受访者选择此项的为34.6%,26—35岁的受访者选择此项的为38.6%,36—45岁的受访者选择此项的为38.5%,46—55岁的受访者选择此项的为43.3%,56岁及以上的受访者选择此项的为42.9%。对于国内外局势问题,一般年龄越大,受访者谈论此话题的比例就越高,56岁及以上

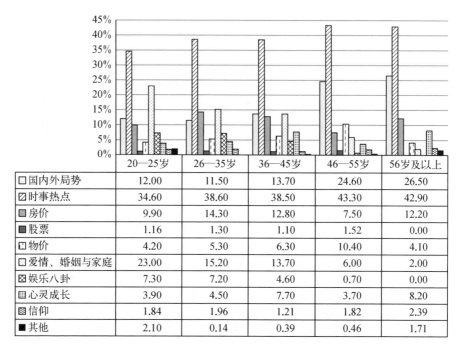

图 5-34 2013年上海不同年龄白领在茶余饭后谈论的主要话题

的受访者谈论国内外局势的比例最高,为 26.5%。

从以上两组数据来看,一般来说,不论哪个年龄阶段,受访者在茶余饭后谈论的主要话题是时事热点、国内外局势等;对于爱情、婚姻与家庭以及娱乐八卦的关注度,往往随年龄的增大而降低。

(四)上海不同文化程度白领在茶余饭后谈论的主要话题差异及历史比较

如图 5-35 所示,2019年,大专(文科)、本科(文科)、研究生及以上(文科)文化程度的受访者谈论时事热点的比例分别为 23.09%、24.75%、23.02%,而大专(理工科)、本科(理工科)、研究生及以上(理工科)文化程度的受访者谈论时事热点的比例分别为 19.44%、26.50%、29.82%。这些数据显示,文化程度越高的理工科受访者对时事热点问题的关注度越高。值得注意的是,文化程度越高的受访者,对股票、物价的关注度越低。

如图 5-36 所示,2013年,大学专科及以上文化程度的受访者中谈论时事热

第五章　上海白领城市生活体验调查与历史比较

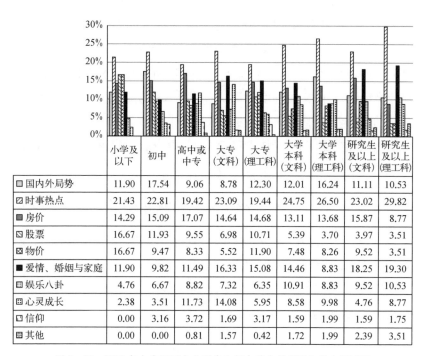

	小学及以下	初中	高中或中专	大专（文科）	大专（理工科）	大学本科（文科）	大学本科（理工科）	研究生及以上（文科）	研究生及以上（理工科）
国内外局势	11.90	17.54	9.06	8.78	12.30	12.01	16.24	11.11	10.53
时事热点	21.43	22.81	19.42	23.09	19.44	24.75	26.50	23.02	29.82
房价	14.29	15.09	17.07	14.64	14.68	13.11	13.68	15.87	8.77
股票	16.67	11.93	9.55	6.98	10.71	5.39	3.70	3.97	3.51
物价	16.67	9.47	8.33	5.52	11.90	7.48	8.26	9.52	3.51
爱情、婚姻与家庭	11.90	9.82	11.49	16.33	15.08	14.46	8.83	18.25	19.30
娱乐八卦	4.76	6.67	8.82	7.32	6.35	10.91	8.83	9.52	10.53
心灵成长	2.38	3.51	11.73	14.08	5.95	8.58	9.98	4.76	8.77
信仰	0.00	3.16	3.72	1.69	3.17	1.59	1.99	1.59	1.75
其他	0.00	0.00	0.81	1.57	0.42	1.72	1.99	2.39	3.51

图 5-35　2019 年上海不同文化程度白领在茶余饭后谈论的主要话题

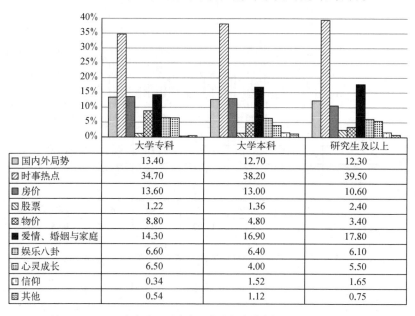

	大学专科	大学本科	研究生及以上
国内外局势	13.40	12.70	12.30
时事热点	34.70	38.20	39.50
房价	13.60	13.00	10.60
股票	1.22	1.36	2.40
物价	8.80	4.80	3.40
爱情、婚姻与家庭	14.30	16.90	17.80
娱乐八卦	6.60	6.40	6.10
心灵成长	6.50	4.00	5.50
信仰	0.34	1.52	1.65
其他	0.54	1.12	0.75

图 5-36　2013 年上海不同文化程度白领在茶余饭后谈论的主要话题

点问题的比例均是最高的。其中大学本科文化程度的受访者对此的选择率为38.2%,大学专科文化程度的受访者对此的选择率为34.7%,研究生及以上文化程度的受访者对此的选择率为39.5%。对于国内外局势,房价,爱情、婚姻与家庭这三个话题,不同文化程度的受访者的选择率均超过了10%。另外,文化程度越高的受访者,对物价的关注度越低。

从以上两组数据来看,受访者普遍关注时事热点,国内外局势,房价,爱情、婚姻与家庭等话题。

(五)上海不同月收入白领在茶余饭后谈论的主要话题差异及历史比较

如图5-37所示,2019年,不同月收入受访者在茶余饭后均对时事热点问题有较高的关注度,均达到了20%以上,其中5 001—7 000元月收入的受访者在茶余饭后谈论时事热点问题的比例最高,为24.04%。除此之外,他们对国内外局势,房价,爱情、婚姻与家庭也有较高的关注度。

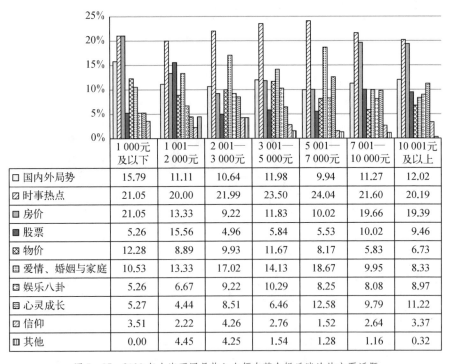

	1 000元及以下	1 001—2 000元	2 001—3 000元	3 001—5 000元	5 001—7 000元	7 001—10 000元	10 001元及以上
国内外局势	15.79	11.11	10.64	11.98	9.94	11.27	12.02
时事热点	21.05	20.00	21.99	23.50	24.04	21.60	20.19
房价	21.05	13.33	9.22	11.83	10.02	19.66	19.39
股票	5.26	15.56	4.96	5.84	5.53	10.02	9.46
物价	12.28	8.89	9.93	11.67	8.17	5.83	6.73
爱情、婚姻与家庭	10.53	13.33	17.02	14.13	18.67	9.95	8.33
娱乐八卦	5.26	6.67	9.22	10.29	8.25	8.08	8.97
心灵成长	5.27	4.44	8.51	6.46	12.58	9.79	11.22
信仰	3.51	2.22	4.26	2.76	1.52	2.64	3.37
其他	0.00	4.45	4.25	1.54	1.28	1.16	0.32

图5-37 2019年上海不同月收入白领在茶余饭后谈论的主要话题

如图5-38所示,2013年,不同月收入的受访者在茶余饭后均对国内外局势、时事热点、房价、爱情、婚姻与家庭问题的关注度较高。其中,月收入在20 001—50 000元的受访者谈论国内外局势的比例最高,为16.3%,月收入10 001—20 000元的受访者谈论时事热点问题的比例最高,为44.7%。令人关注的是,月收入在5 000元及以下的受访者谈论物价的比例总体要高于月收入在5 001元及以上的受访者。

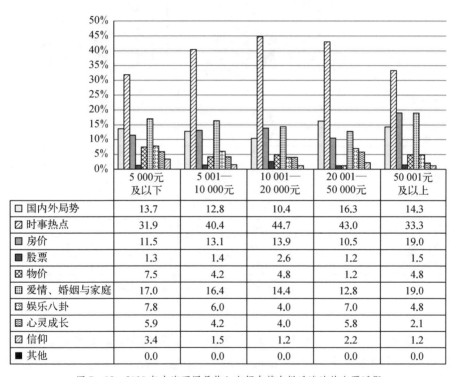

	5 000元及以下	5 001—10 000元	10 001—20 000元	20 001—50 000元	50 001元及以上
国内外局势	13.7	12.8	10.4	16.3	14.3
时事热点	31.9	40.4	44.7	43.0	33.3
房价	11.5	13.1	13.9	10.5	19.0
股票	1.3	1.4	2.6	1.2	1.5
物价	7.5	4.2	4.8	1.2	4.8
爱情、婚姻与家庭	17.0	16.4	14.4	12.8	19.0
娱乐八卦	7.8	6.0	4.0	7.0	4.8
心灵成长	5.9	4.2	4.0	5.8	2.1
信仰	3.4	1.5	1.2	2.2	1.2
其他	0.0	0.0	0.0	0.0	0.0

图5-38 2013年上海不同月收入白领在茶余饭后谈论的主要话题

从以上两组数据来看,不同月收入受访者对国内外局势、时事热点、房价、爱情、婚姻与家庭的关注度较高。

(六)上海不同居住地白领在茶余饭后谈论的主要话题差异及历史比较

如图5-39所示,2019年,居住地为城镇的白领在茶余饭后谈论时事热点话题的比例为22.82%,谈论房价的比例为14.8%,居住地为农村的受访者在茶余饭后谈论时事热点和房价问题的比例分别为 20.07%、16.06%。另外,居住地为农村的受访者谈论国内外局势、股票、物价、信仰的比例要高于居住地为城镇的受访者。

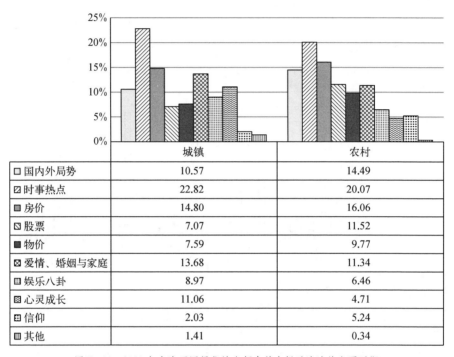

图 5-39　2019 年上海不同居住地白领在茶余饭后谈论的主要话题

如图 5-40 所示,2013 年,对于居住地为城镇的受访者来说,他们在茶余饭后谈论的话题更多的是时事热点,爱情、婚姻与家庭,房价以及国内外局势,占比分别为 38.5%、16.1%、12.7%、12.3%,而居住地为农村的受访者在茶余饭后谈论这些话题的比例分别为 27.7%、17.6%、12.2%、22.3%。

对比两组数据可知,2019 年,居住地为城镇和农村的受访者,对国内外局势、房价、股票、物价、娱乐八卦、心灵成长的关注度都有所提高。

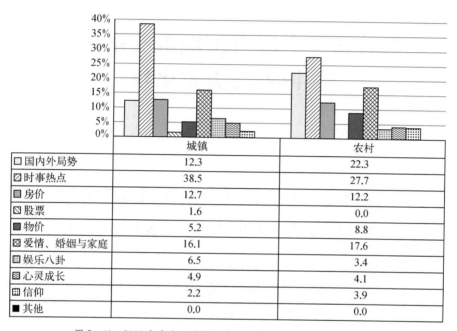

图 5-40 2013 年上海不同居住地白领在茶余饭后谈论的主要话题

第六章　上海白领城市文化认同调查与历史比较

一、上海白领关于"四个中心"建设的认知

(一) 上海白领对上海建设"四个中心"的认知情况及历史比较

建设"四个中心"(国际经济中心、国际金融中心、国际贸易中心、国际航运中心),推进上海国际化大都市发展战略,上海白领对此的了解情况如何呢? 如图 6-1 所示,2019 年,83.27%的受访者选择国际经济中心,95.48%的受访者选择国际金融中心,40.86%的受访者选择国际科技创新中心,74.83%的受访者选择国际航运中心,有 70.76%的受访者选择国际贸易中心,86.45%的受访者选择国际文化创意中心。

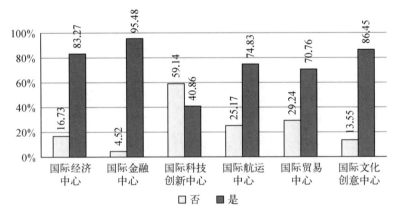

图 6-1　2019 年上海白领对上海建设"四个中心"的认知情况

如图 6-2 所示,2013 年,77.1%的受访者选择国际经济中心,92.3%的受访者选择国际金融中心,38.4%的受访者选择国际科技创新中心,61.6%的受访者

选择国际航运中心,82.4%的受访者选择国际贸易中心,27.2%的受访者选择国际文化创意中心。

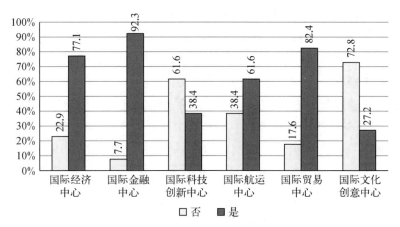

图6-2 2013年上海白领对上海建设"四个中心"的认知情况

对比两组数据可知,受访者对上海要建设国际金融中心的知晓率很高,2019年,对上海要建设国际经济中心、国际航运中心的知晓率相较于2013年有了一定的提升,而对上海要建设国际贸易中心的知晓率相较于2013年则有所下降。

(二)上海不同性别白领对上海建设"四个中心"的认知情况差异及历史比较

如图6-3所示,2019年,78.58%的男性受访者认为国际经济中心是"四个

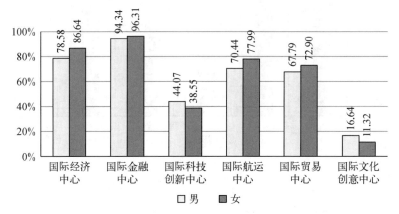

图6-3 2019年上海不同性别白领对上海建设"四个中心"的认知情况

中心"之一,而女性受访者对此的选择率为86.64%,要略高于男性受访者;对于国际金融中心,男性受访者的选择率为94.34%,而女性受访者的选择率为96.31%;男性受访者对国际科技创新中心的选择率为44.07%,女性受访者的选择率为38.55%;男性受访者对国际航运中心的选择率为70.44%,女性受访者的选择率为77.99%;男性受访者对国际贸易中心的选择率为67.79%,女性受访者的选择率为72.9%;男性受访者对文化创意中心的选择率为16.64%,女性受访者的选择率为11.32%。从总体来看,对上海要建设国际经济中心、国际金融中心、国际航运中心的知晓度,女性受访者要高于男性受访者。

如图6-4所示,2013年,74%的男性受访者认为国际经济中心是"四个中心"之一,而女性受访者对此的选择率为80.4%,要略高于男性受访者;有93.6%的男性受访者和90.8%的女性受访者选择上海要建设国际金融中心;对于上海要建设国际科技创新中心这一错误观点,有37.5%的男性受访者和52.6%的女性受访者选择此项;对于上海要建设国际航运中心和国际贸易中心,男性受访者的知晓率为62.1%和81.5%,而女性受访者的知晓率为52.6%和83.6%。对于国际文化创意中心,有25.5%的男性受访者和29%的女性受访者选择此项。从总体来看,女性受访者对上海建设"四个中心"的知晓度要好于男性受访者。

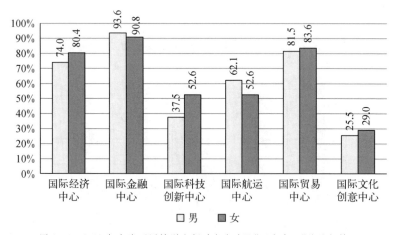

图6-4 2013年上海不同性别白领对上海建设"四个中心"的认知情况

对比两组数据可知,从2013年到2019年,除了对上海要建设国际贸易中心的知晓度有所下降外,受访者对其他三个中心的知晓度普遍有所提升。

(三)上海不同年龄白领对上海建设"四个中心"的认知情况差异及历史比较

如图 6-5 所示,2019 年,在 15—21 岁的受访者中,国际经济中心、国际金融中心、国际航运中心、国际贸易中心的选择率分别为 82.14%、96.43%、71.43%、60.71%;52 岁及以上受访者的选择率分别为 86.92%、96.15%、78.46%、68.46%。

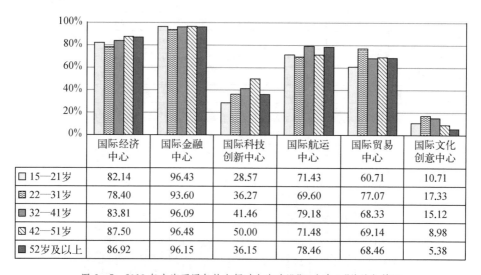

图 6-5 2019 年上海不同年龄白领对上海建设"四个中心"的认知情况

如图 6-6 所示,2013 年,在 20—25 岁的受访者中,国际经济中心、国际金融中心、国际航运中心、国际贸易中心的选择率分别为 79.7%、92.1%、58.3%、82.1%;26—35 岁受访者的选择率分别为 76.9%、91.6%、59.6%、82.7%。

由于统一口径不一,两组数据对比起来有难度。

(四)上海不同月收入白领对上海建设"四个中心"的认知情况差异及历史比较

如图 6-7 所示,2019 年,对上海要建设国际经济中心的知晓度,月收入在

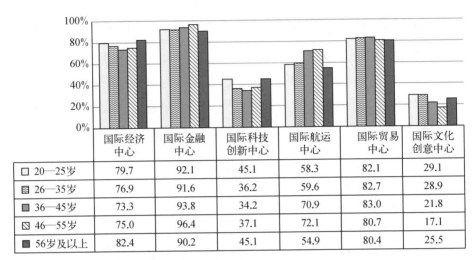

图6-6 2013年上海不同年龄白领对上海建设"四个中心"的认知情况

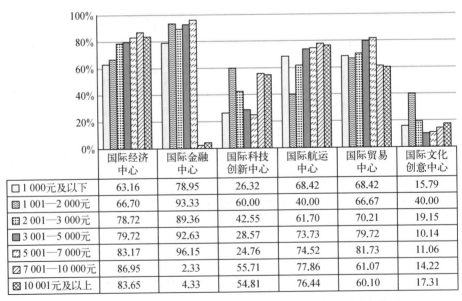

图6-7 2019年上海不同月收入白领对上海建设"四个中心"的认知情况

7 001—10 000 元的受访者的知晓度最高,为 86.95%;而月收入在 10 001 元及以上的受访者中仅有 4.33% 的人选择了国际金融中心。

如图 6-8 所示,2013 年,对上海要建设国际金融中心的知晓情况,月收入在 20 001—50 000 元的受访者的知晓度最高,为 96.5%。国际航运中心、国际贸易中心的选择率,各月收入水平受访者普遍不高。

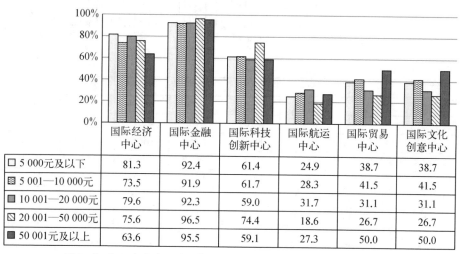

图 6-8 2013 年上海不同月收入白领对上海建设"四个中心"的认知情况

由于统计口径不一,两组数据对比起来有难度。

(五)上海不同文化程度白领对上海建设"四个中心"的认知情况差异及历史比较

如图 6-9 所示,2019 年,不同文化程度受访者对上海要建设国际金融中心的知晓度最高。

如图 6-10 所示,2013 年,不同文化程度受访者对上海要建设国际金融中心的知晓度最高,对上海要建设国际航运中心的知晓度最低。

从以上两组数据可知,2019 年,研究生及以上(理工科)受访者对上海要建设国际经济中心的知晓度最低。2013 年,不同文化程度受访者对上海要建设国际航运中心的知晓度都是最低的。

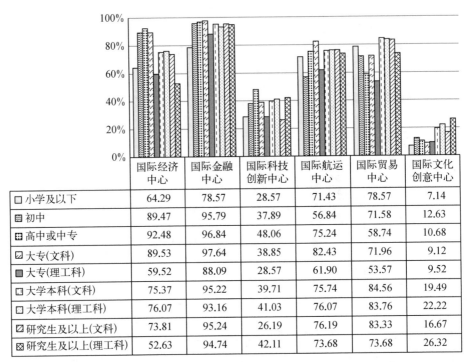

图 6-9 2019年上海不同文化程度白领对上海建设"四个中心"的认知情况

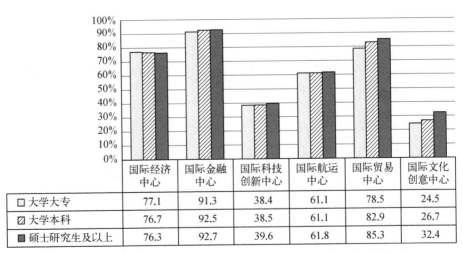

图 6-10 2013年上海不同文化程度白领对上海建设"四个中心"的认知情况

(六)上海不同居住地白领对上海建设"四个中心"的认知情况差异及历史比较

如图6-11所示,2019年,居住地为城镇的受访者选择国际经济中心、国际金融中心、国际航运中心、国际贸易中心的比例分别为18.53%、95.17%、75.95%、68.97%;而居住地为农村的受访者相应的选择比例分别为5.76%、97.38%、68.06%、81.68%。

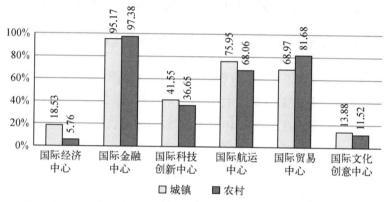

图6-11 2019年上海不同居住地白领对上海建设"四个中心"的认知情况

如图6-12所示,2013年,居住地为城镇的受访者选择国际经济中心、国际金融中心、国际航运中心、国际贸易中心的比例分别为77.4%、92.5%、62.1%、

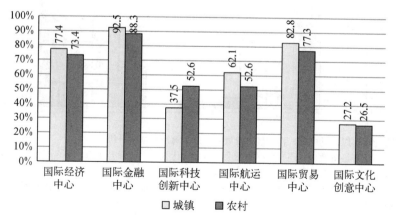

图6-12 2013年上海不同居住地白领对上海建设"四个中心"的认知情况

82.8%;居住地为农村的受访者相应的选择比例分别为73.4%、88.3%、52.6%、77.3%。可见,居住地为城镇的受访者对上海建设"四个中心"的知晓程度明显好于居住地为农村的受访者。

对比两组数据可知,2019年,受访者对上海要建设国际经济中心的知晓度下降明显,其中居住地为城镇的受访者的知晓度从77.4%降低为18.53%,居住地为农村的受访者的知晓度从73.4%降低为5.76%。

二、上海白领对城市建设发展规划的态度

(一)上海白领对迪士尼乐园的总体态度及历史比较

如图6-13所示,2019年,71.65%的受访者认为建设迪士尼乐园"此举可以拉动内需,推动经济发展,促进上海产业结构升级",而28.35%的受访者持否定态度。78.02%的受访者认为"不但有经济效应,还有良好的社会效应和文化效应,能提升上海的知名度和影响力",而21.98%的受访者不认同这个观点。16.43%的受访者表示"迪士尼在上海的运营有可能水土不服,未必是好事",而83.57%的受访者对此表示不支持。51.59%的受访者认为"迪士尼乐园要想在上海真正取得成功,要看它能不能实现全球化和本土化的统一",但也有

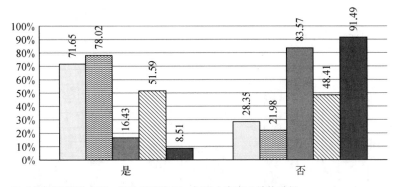

图6-13 2019年上海白领对上海建设迪士尼乐园的总体看法

48.41%的受访者对此表示不认同。

如图6-14所示,2013年,58.6%的受访者认为建设迪士尼乐园"此举可以拉动内需,推动经济发展,促进上海产业结构升级",而41.4%的受访者持否定态度。61.2%的受访者认为"不但有经济效应,还有良好的社会效应和文化效应,能提升上海的知名度和影响力",而38.8%的受访者不认同这个观点。16.8%的受访者表示"迪士尼在上海的运营有可能水土不服,未必是好事",而83.2%的受访者对此持否定态度。45.5%的受访者认为"迪士尼乐园要想在上海真正取得成功,要看它能不能实现全球化和本土化的统一",但也有54.5%的受访者对此表示不认同。

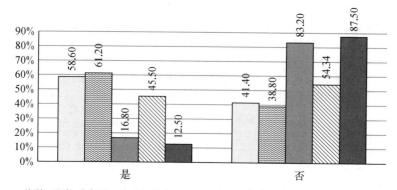

图6-14 2013年上海白领对上海建设迪士尼乐园的总体看法

对比两组数据可知,在"此举可以拉动内需,推动经济发展,促进上海产业结构升级"这一观点上,2019年有71.65%的受访者给予了肯定态度,相比于2013年提高了13.05个百分点,这很可能与近几年迪士尼的运营所迸发出的经济活力相关。在"不但有经济效应,还有良好的社会效应和文化效应,能提升上海的知名度和影响力"这一观点上,2019年有78.02%的受访者表示肯定,比2013年提升了16.82个百分点。在"迪士尼在上海的运营有可能水土不服,未必是好事"这一观点上,2019年和2013年对此持否定态度的比例分别为83.57%和

83.2%,基本差不多。在"迪士尼乐园要想在上海真正取得成功,要看它能不能实现全球化和本土化的统一"这一观点上,2019年有51.59%的受访者选择此项,而2013年有45.5%的受访者选择此项。

(二)上海不同性别白领对迪士尼乐园的态度差异及历史比较

如图6-15所示,2019年,对于建设迪士尼乐园,"此举可以拉动内需,推动经济发展,促进上海产业结构升级"这一观点,67.96%的男性受访者表示认同,但也有32.04%的男性受访者表示不认同;在女性受访者中,有74.3%的人表示认同,但也有25.7%的人表示不认同。这说明无论男性受访者还是女性受访者,大都认为建设迪士尼乐园能够推动经济发展,促进上海产业结构升级,对上海未来的发展有利,而且女性受访者在这一问题上更加乐观。

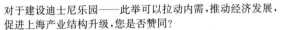

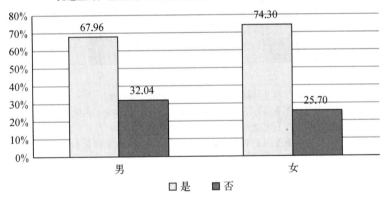

图6-15 2019年上海不同性别白领对上海建设迪士尼乐园的总体看法(1)

如图6-16所示,2019年,对于建设迪士尼乐园"不但有经济效应,还有良好的社会效应和文化效应,能提升上海的知名度和影响力"这一观点,75.22%的男性受访者表示认同,但也有24.78%的男性受访者表示不认同;而女性受访者中有80.03%的人表示认同,但也有19.97%的人表示不认同。可以看出,无论男性受访者还是女性受访者,大都对建设迪士尼乐园带来的社会和文化效应持乐观态度。

第六章 上海白领城市文化认同调查与历史比较

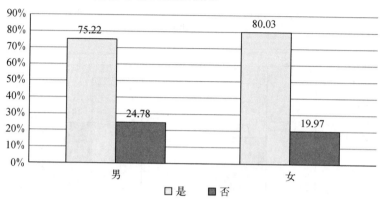

图6-16 2019年上海不同性别白领对上海建设迪士尼乐园的总体看法(2)

如图6-17所示,2019年,对"迪士尼在上海的运营有可能水土不服,未必是好事"这一观点,81.06%的男性受访者表示不认同,但也有18.94%的男性受访者表示认同;在女性受访者中,有85.37%的人表示不认同,但也有14.63%的人表示认同。

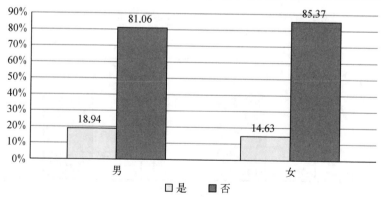

图6-17 2019年上海不同性别白领对上海建设迪士尼乐园的总体看法(3)

如图6-18所示,2019年,对"迪士尼乐园要想在上海真正取得成功,要看它能不能实现全球化和本土化的统一"这一观点,52.04%的男性受访者表示认同,但也有47.96%的男性受访者表示不认同;在女性受访者中,有51.27%的人表示认同,但也有 48.73% 的人表示不认同。

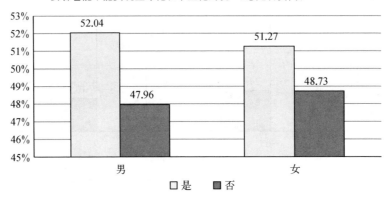

图 6-18　2019 年上海不同性别白领对上海建设迪士尼乐园的总体看法(4)

如图 6-19 所示,2013 年,对于建设迪士尼乐园,"此举可以拉动内需,推动经济发展,促进上海产业结构升级"这一观点,57.15% 的男性受访者表示认同,但也有 42.85% 的男性受访者表示不认同;在女性受访者中,59.62% 的人表示认同,但也有 40.38% 的人表示不认同。

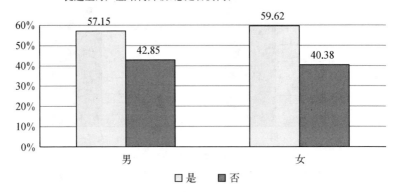

图 6-19　2013 年上海不同性别白领对上海建设迪士尼乐园的总体看法(1)

如图 6-20 所示,2013 年,对于建设迪士尼乐园"不但有经济效应,还有良好的社会效应和文化效应,能提升上海的知名度和影响力"这一观点,59.83% 的男性受访者表示认同,但也有 40.17% 的男性受访者表示不认同;在女性受访者中,仅有 13.72% 的人表示认同,而多达 86.28% 的人表示。

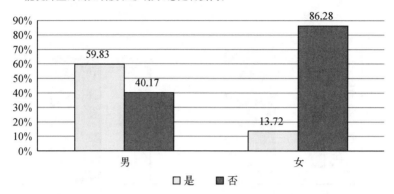

图 6-20　2013 年上海不同性别白领对上海建设迪士尼乐园的总体看法(2)

如图 6-21 所示,2013 年,对"迪士尼在上海的运营有可能水土不服,未必是好事"这个观点,有 81.76% 的男性受访者表示不认同,但也有 18.24% 的受访者认同这个观点;在女性受访者中,有 86.28% 的人不认同这个观点,但也还有 13.72% 的人认同这个观点。

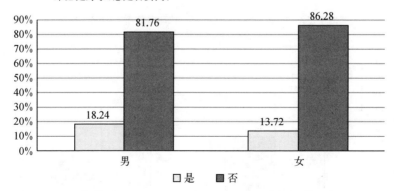

图 6-21　2013 年上海不同性别白领对上海建设迪士尼乐园的总体看法(3)

如图 6-22 所示,2013 年,43.87% 的男性受访者认为"迪士尼乐园要想在上海真正取得成功,要看它能不能实现全球化和本土化的统一",但也有56.13%的人不认同这个观点;女性受访者中有47.63%的人认同这个观点,但也有52.37%的人对此持否定态度。

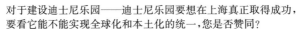

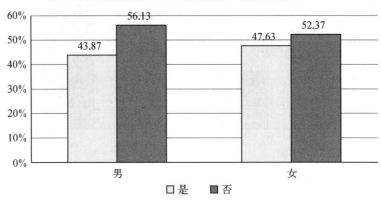

图6-22 2013年上海不同性别白领对上海建设迪士尼乐园的总体看法(4)

(三) 上海不同户籍白领对迪士尼乐园的态度差异及历史比较

如图6-23所示,2019年,65.42%的本地户籍受访者认为"此举可以拉动内需,推动经济发展,促进上海产业结构升级",但也有34.58%的受访者不这么

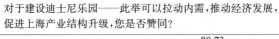

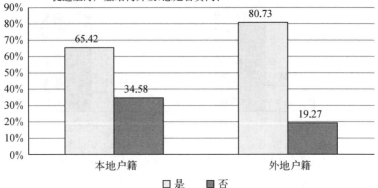

图6-23 2019年上海不同户籍白领对上海建设迪士尼乐园的总体看法(1)

认为;80.73%外地户籍受访者认同"此举可以拉动内需,推动经济发展,促进上海产业结构升级",但也有19.27%的受访者不认同。可以看出,外地户籍受访者对此观点的认同度要高于本地户籍受访者。

如图6-24所示,2019年,73.41%的本地户籍受访者认为上海建设迪士尼乐园"不但有经济效应,还有良好的社会效应和文化效应,能提升上海的知名度和影响力";84.73%的外地户籍受访者认同此观点。

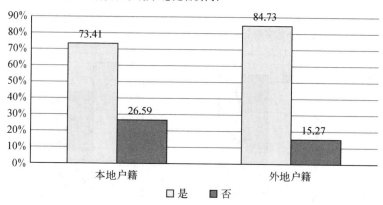

图6-24 2019年上海不同户籍白领对上海建设迪士尼乐园的总体看法(2)

如图6-25所示,2019年,对"迪士尼在上海的运营有可能水土不服,未必是

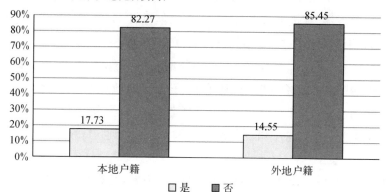

图6-25 2019年上海不同户籍白领对上海建设迪士尼乐园的总体看法(3)

好事"这个观点,82.27%的本地户籍受访者对此持否定态度,但也有17.73%的受访者认同这个观点;外地户籍受访者中有85.45%的受访者不认同这个观点,但也有14.55%的受访者认同这个观点。

如图6-26所示,2019年,48.56%的本地户籍受访者认为"迪士尼乐园要想在上海真正取得成功,要看它能不能实现全球化和本土化的统一",同时也有51.44%的受访者持否定态度;56%的外地户籍的受访者认同此观点,但还有44%的受访者不认同此观点。

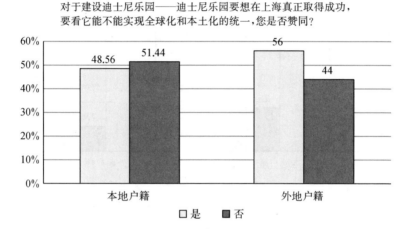

图6-26　2019年上海不同户籍白领对上海建设迪士尼乐园的总体看法(4)

如图6-27所示,2013年,58.32%的本地户籍受访者认为"此举可以拉动内需,推动经济发展,促进上海产业结构升级",但也有41.68%的受访者不这么认为;而外地户籍受访者对此观点的认同度为58.24%。

如图6-28所示,2013年,62.08%的本地户籍受访者认为上海建设迪士尼乐园"不但有经济效应,还有良好的社会效应和文化效应,能提升上海的知名度和影响力";也有59.5%外地户籍受访者认同此观点。同时,有37.92%的本地户籍受访者和40.5%的外地户籍受访者不认同这个观点。

如图6-29所示,2013年,对"迪士尼在上海的运营有可能水土不服,未必是好事"这个观点,84.52%的本地户籍受访者对此持否定态度,但也有15.48%的

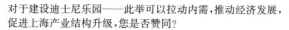

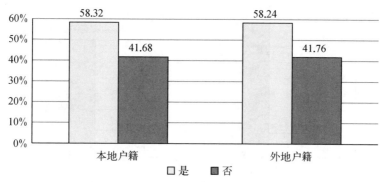

图 6-27　2013 年上海不同户籍白领对上海建设迪士尼乐园的总体看法(1)

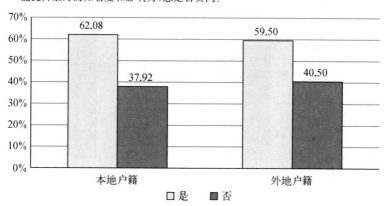

图 6-28　2013 年上海不同户籍白领对上海建设迪士尼乐园的总体看法(2)

受访者认同这个观点;83.03％外地户籍受访者不认同这个观点,但也有 16.97％的受访者认同这个观点。

如图 6-30 所示,2013 年,48.91％的本地户籍受访者认为"迪士尼乐园要想在上海真正取得成功,要看它能不能实现全球化和本土化的统一",同时也有 51.09％的受访者持否定态度;41.56％的外地户籍受访者认同此观点,但还有 58.44％的受访者不认同此观点。

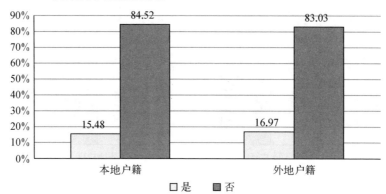

图 6-29 2013 年上海不同户籍白领对上海建设迪士尼乐园的总体看法(3)

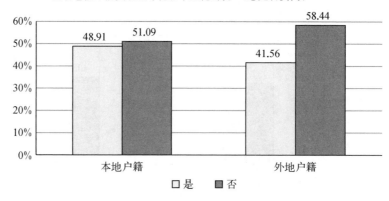

图 6-30 2013 年上海不同户籍白领对上海建设迪士尼乐园的总体看法(4)

(四)上海不同年龄白领对迪士尼乐园的态度差异及历史比较

如图 6-31 所示,2019 年,对"此举可以拉动内需,推动经济发展,促进上海产业结构升级"这一观点,32—41 岁受访者的认同度最高,有 75.62% 的受访者选择了此项。虽然 52 岁及以上受访者的认同度为 66.92%,但总的来说也处在较高水平。

如图 6-32 所示,2019 年,32—41 岁的受访者对建设迪士尼乐园"不但有经

第六章 上海白领城市文化认同调查与历史比较

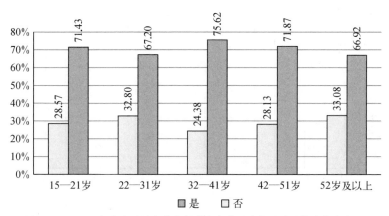

图 6-31　2019 年上海不同年龄白领对上海建设迪士尼乐园的总体看法(1)

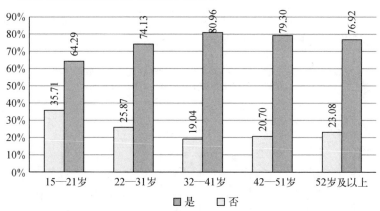

图 6-32　2019 年上海不同年龄白领对上海建设迪士尼乐园的总体看法(2)

济效应,还有良好的社会效应和文化效应,能提升上海的知名度和影响力"这一观点的认同度为 80.96%。

如图 6-33 所示,2019 年,对"迪士尼在上海的运营有可能水土不服,未必是好事"这一观点,在 22—31 岁的受访者中仅有 14.93% 的人表示认同,在不同年龄段受访者中的认同度最低。

对于建设迪士尼乐园——迪士尼在上海的运营有可能水土不服,未必是好事,您是否赞同?

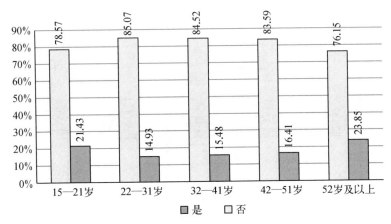

图 6-33　2019 年上海不同年龄白领对上海建设迪士尼乐园的总体看法(3)

如图 6-34 所示,2019 年,对"迪士尼乐园要想在上海真正取得成功,要看它能不能实现全球化和本土化的统一"这一观点,22—31 岁受访者的认同度最高,为 58.13%;32—41 岁的受访者认同度为 51.42%;42—51 岁受访者的认同度为 47.66%;52 岁及以上受访者的认同度为 43.85%。

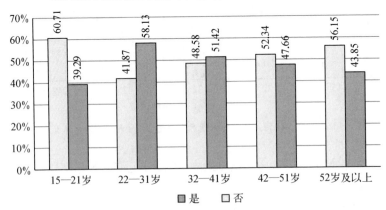

图 6-34　2019 年上海不同年龄白领对上海建设迪士尼乐园的总体看法(4)

如图 6-35 所示,2013 年,对"此举可以拉动内需,推动经济发展,促进上海产业结构升级"这一观点,26—35 岁受访者的认同度最高,有 61.47% 的受访

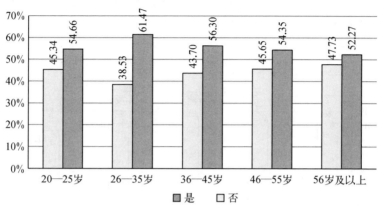

图6-35　2013年上海不同年龄白领对上海建设迪士尼乐园的总体看法(1)

者认同此观点;56岁及以上受访者的认同度最低,为52.27%。

如图6-36所示,2013年,对"不但有经济效应,还有良好的社会效应和文化效应,能提升上海的知名度和影响力"这一观点,20—25岁的受访者中有56.27%的人选择了"是",是各个年龄段中认同度最低的;56岁及以上受访者中有70.45%的人认同此观点,是各个年龄段受访者中认同度最高的。

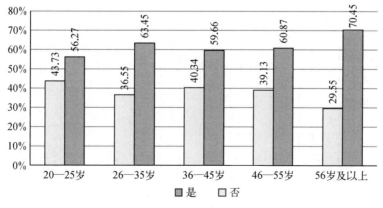

图6-36　2013年上海不同年龄白领对上海建设迪士尼乐园的总体看法(2)

如图6-37所示,2013年,绝大部分的受访者都不认同"迪士尼在上海的运营有可能水土不服,未必是好事"这一观点。在32—41岁的受访者中仅有13.17%的人选了"是"。

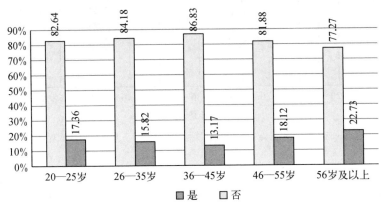

图6-37　2013年上海不同年龄白领对上海建设迪士尼乐园的总体看法(3)

如图6-38所示,2013年,对"迪士尼乐园要想在上海真正取得成功,要看它能不能实现全球化和本土化的统一"这一观点,各个年龄段受访者的认同度均未超过50%。36—45岁的认同度最高,所占的比例为49.86%,46—55岁的认

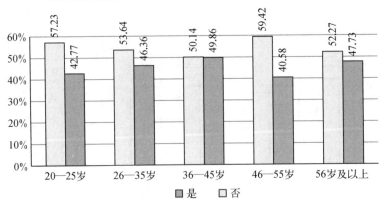

图6-38　2013年上海不同年龄白领对上海建设迪士尼乐园的总体看法(4)

同度最低,所占的比例为 40.58%。

(五) 上海不同月收入白领对迪士尼乐园的态度差异及历史比较

如图 6-39 所示,2019 年,对于"此举可以拉动内需,推动经济发展,促进上海产业结构升级"这一观点,不同月收入的受访者中均有超过 52% 的受访者表示支持。

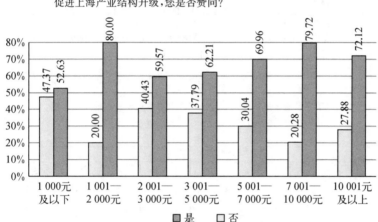

图 6-39　2019 年上海不同月收入白领对上海建设迪士尼乐园的总体看法(1)

如图 6-40 所示,2019 年,对于上海迪士尼建设"不但有经济效应,还有良好的社会效应和文化效应,能提升上海的知名度和影响力"这一观点,月收入最低的受访者其认同度最低。

如图 6-41 所示,2019 年,对"迪士尼在上海的运营有可能水土不服,未必是好事"这一观点,月收入在 3 001—5 000 元的受访者有 92.17% 的人不认同此观点,不认同度是最高的。

如图 6-42 所示,2019 年,只有月收入在 1 001—2 000 元的受访者对"迪士尼乐园要想在上海真正取得成功,要看它能不能实现全球化和本土化的统一"这一观点的认同度超过 60%,其他不同月收入的受访者对这一观点的认同度均低于 60%。

对于建设迪士尼乐园——不但有经济效应,还有良好的社会效应和文化效应,能提升上海的知名度和影响力,您是否赞同?

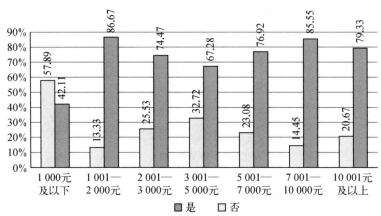

图6-40　2019年上海不同月收入白领对上海建设迪士尼乐园的总体看法(2)

对于建设迪士尼乐园——迪士尼在上海的运营有可能水土不服,未必是好事,您是否赞同?

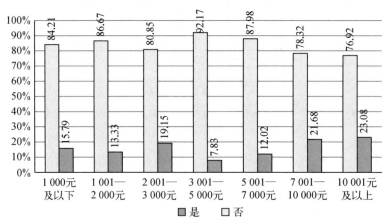

图6-41　2019年上海不同月收入白领对上海建设迪士尼乐园的总体看法(3)

如图6-43所示,2013年,对"此举可以拉动内需,推动经济发展,促进上海产业结构升级"这一观点,月收入在50 001元及以上的受访者的认同度最低。

如图6-44所示,2013年,对于上海迪士尼建设"不但有经济效应,还有良好的社会效应和文化效应,能提升上海的知名度和影响力"这一观点,月收入在

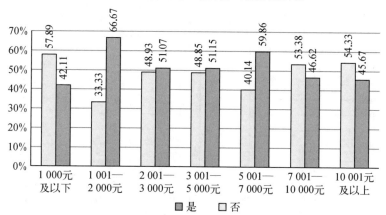

图 6-42 2019 年上海不同月收入白领对上海建设迪士尼乐园的总体看法(4)

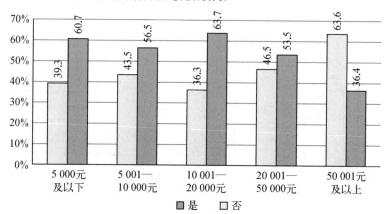

图 6-43 2013 年上海不同月收入白领对上海建设迪士尼乐园的总体看法(1)

50 001 元及以上的受访者其认同度最高。

如图 6-45 所示,2013 年,对"迪士尼在上海的运营有可能水土不服,未必是好事"这一观点,月收入在 50 001 元及以上的受访者反应最为激烈,选择"否"的比例高达 77.3%。

建设迪士尼乐园——不但有经济效应,还有良好的社会效应和文化效应,能提升上海的知名度和影响力,您是否赞同?

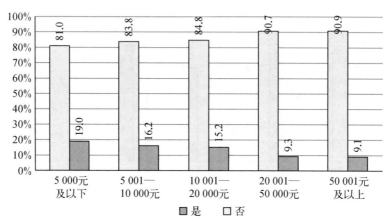

图6-44 2013年上海不同月收入白领对上海建设迪士尼乐园的总体看法(2)

对于建设迪士尼乐园——迪士尼在上海的运营有可能水土不服,未必是好事,您是否赞同?

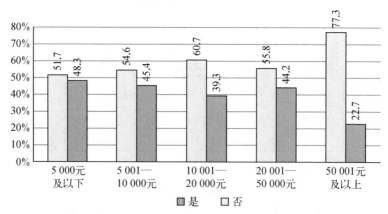

图6-45 2013年上海不同月收入白领对上海建设迪士尼乐园的总体看法(3)

如图6-46所示,2013年,对"迪士尼乐园要想在上海真正取得成功,要看它能不能实现全球化和本土化的统一"这一观点,月收入在50 001元及以上的受访者中,仅有22.7%的受访者认同此观点。

第六章 上海白领城市文化认同调查与历史比较

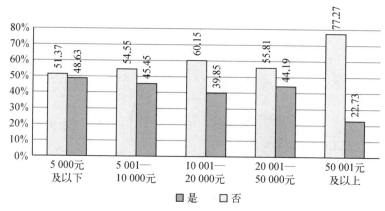

图6-46 2013年上海不同月收入白领对上海建设迪士尼乐园的总体看法(4)

三、上海白领对城市生态设施建设的态度

(一) 上海白领对城市生态设施建设的总体态度及历史比较

如图6-47所示,2019年,对于"为了建设生态城市,如果上海推出并普及公共自助管理的自行车,作为地铁和公交站、社区之间的衔接",有82.84%的白领认为"方便的话,会使用",7.92%的受访者做出了"不会"的选择,还有9.84%的受访者持居中态度。

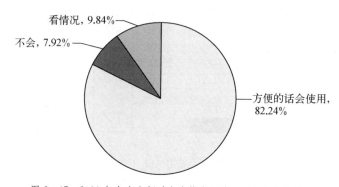

图6-47 2019年上海白领对上海推出公共自行车的总体看法

如图6-48所示,2013年,对于"为了建设生态城市,如果上海推出并普及公共自助管理的自行车,作为地铁和公交站、社区之间的衔接",有68.2%的受访者认为"有利环境,会使用",10.1%的受访者做出了"不会"的选择,还有21.7%的受访者选择了"看情况"。

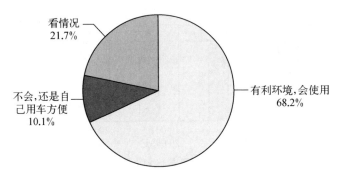

图6-48　2013年上海白领对上海推出公共自行车的总体看法

对比两组数据可知,2019年,受访者选择会使用公共自行车的比例提高了14.04个百分点,而选择不会使用公共自行车的比例下降了2.18个百分点。

(二)上海不同居住地白领对城市生态设施建设的态度差异及历史比较

如图6-49所示,2019年,对于公共自行车的总体看法,居住地为城镇的受访者中,有81.51%认为"方便的话,会使用",而居住地为农村的受访者对此的选择率为86.39%;居住地为城镇的受访者明确表示不会使用的比例是8.7%,

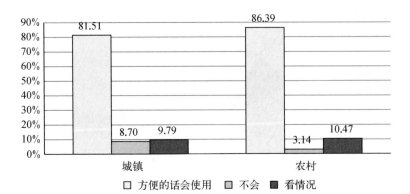

图6-49　2019年上海不同居住地白领对上海推出公共自行车的总体看法

居住地为农村的受访者表示不会使用的比例为 3.14%。

如图 6-50 所示,2013 年,居住地为城镇的受访者认为"有利环境,会使用"的比例为 68.2%,而居住地为农村的受访者对此的选择率为 66.9%;居住地为城镇的受访者明确表示不会使用的比例是 10.4%,居住地为农村的受访者表示不会使用的比例为 6.5%。

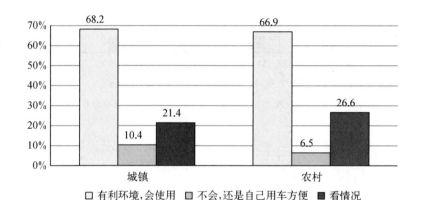

图 6-50 2013 年上海不同居住地白领对上海推出公共自行车的总体看法

对比两组数据可知,2019 年,无论是居住地为城镇的受访者还是居住地为农村的受访者,选择使用公共自行车出行的比例都有所提升,分别提升了 13.31 个百分点和 19.49 个百分点。

(三)上海不同年龄白领对城市生态设施建设的态度差异及历史比较

如图 6-51 所示,2019 年,年龄段由低到高的受访者选择"方便的话,会使用"的比例分别为 64.29%、81.6%、83.99%、83.2%、78.46%。可以看出,各年龄段的受访者选择使用公共自行车的比例还是比较高的。值得关注的是,各年龄段的受访者均有 10% 左右的人选择"看情况"。

如图 6-52 所示,2013 年,年龄段由低到高的受访者中选择"不会,还是自己用车方便"的比例分别为 8.8%、9.1%、9.4%、17.9% 和 39.2%。年龄较大的受访者选择不会使用公共自行车的比例较高。

由于统计口径不一,两组数据对比起来有难度。

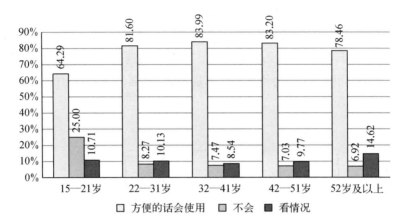

图 6-51　2019 年上海不同年龄白领对上海推出公共自行车的总体看法

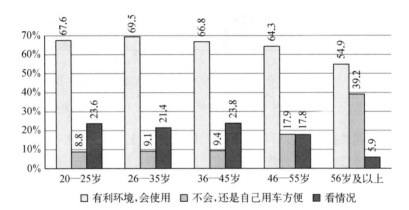

图 6-52　2013 年上海不同年龄白领对上海推出公共自行车的总体看法

（四）上海不同文化程度白领对城市生态设施建设的态度差异及历史比较

如图 6-53 所示，2019 年，文化程度为高中或中专的受访者选择使用公共自行车的比例最高，为 85.68%，而文化程度为大专（理工科）、研究生及以上（理工科）受访者的选择公共自行车出行的比例均低于同等学力的文科受访者。

如图 6-54 所示，2013 年，文化程度为大学专科的受访者选择使用公共自行车的比例最低，为 65.6%，同时，选择不会使用的比例最高，为 11%；而文化程度为硕士研究生的受访者选择使用公共自行车的比例最高，为 73.2%。随着受教

第六章 上海白领城市文化认同调查与历史比较

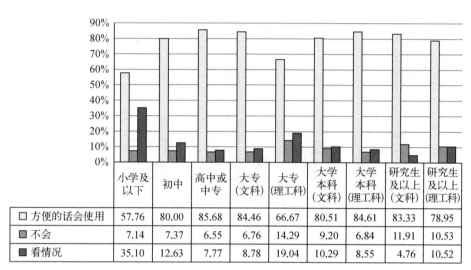

	小学及以下	初中	高中或中专	大专（文科）	大专（理工科）	大学本科（文科）	大学本科（理工科）	研究生及以上（文科）	研究生及以上（理工科）
□方便的话会使用	57.76	80.00	85.68	84.46	66.67	80.51	84.61	83.33	78.95
■不会	7.14	7.37	6.55	6.76	14.29	9.20	6.84	11.91	10.53
■看情况	35.10	12.63	7.77	8.78	19.04	10.29	8.55	4.76	10.52

图6-53　2019年上海不同年龄白领对上海推出公共自行车的总体看法

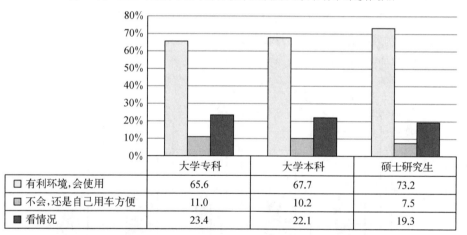

	大学专科	大学本科	硕士研究生
□有利环境，会使用	65.6	67.7	73.2
□不会，还是自己用车方便	11.0	10.2	7.5
■看情况	23.4	22.1	19.3

图6-54　2013年上海不同年龄白领对上海推出公共自行车的总体看法

育层次的提高，受访者选择使用公共自行车出行的比例也在增高。

由于统计口径不一，两组数据对比起来有难度。

（五）上海不同月收入白领对城市生态设施建设的态度差异及历史比较

如图6-55所示，2019年，月收入在10 001元及以上的受访者选择使用公共自行车的比例最高，为92.31%，其次是月收入在7 001—10 000元的受访者，为84.85%。

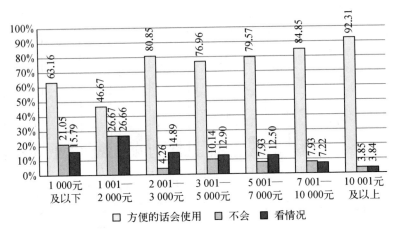

图 6-55　2019 年上海不同月收入白领对上海推出公共自行车的总体看法

如图 6-56 所示,2013 年,不同月收入的白领选择"有利环境,会使用"的比例均在 63% 以上。其中,月收入为 10 001—20 000 的受访者选择"有利环境,会使用"的比例最高,为 69.4%;月收入为 50 001 元及以上的受访者选择"有利环境,会使用"的比例最低,为 63.6%。

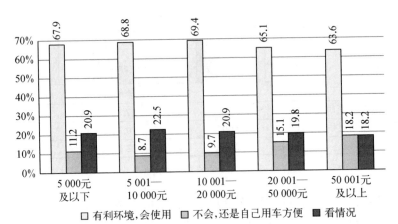

图 6-56　2013 年上海不同月收入白领对上海推出公共自行车的总体看法

由于统计口径不一,两组数据对比起来有难度。

(六) 上海不同政治面貌白领对城市生态设施建设的态度差异及历史比较

如图 6-57 所示,2019 年,政治面貌为共产党员的受访者选择"方便的话,会使用"的比例最高,为84.21%;政治面貌为共青团员的受访者选择使用公共自行车出行的比例为76.17%;政治面貌为民主党派的受访者选择使用公共自行车出行的比例最低,为68.42%;群众受访者选择使用公共自行车出行的比例为83.2%。明确选择"不会"使用公共自行车的受访者中,政治面貌为民主党派受访者的选择率最高,为26.32%。

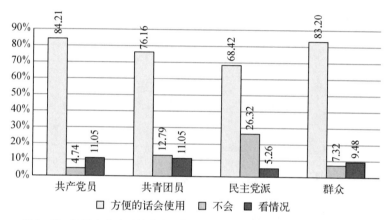

图6-57 2019年上海不同政治面貌白领对上海推出公共自行车的总体看法

如图6-58所示,2013年,政治面貌为共产党员的受访者选择"有利环境,会使用"的比例最高,为75.7%;政治面貌为民主党派的受访者选择"有利环境,会使用"的比例最低,为38.7%。

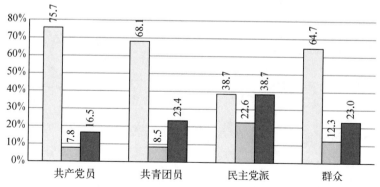

图6-58 2013年上海不同政治面貌白领对上海推出公共自行车的总体看法

对比两组数据可知,2019年,不同政治面貌的受访者选择公共自行车出行的比例在上升,并且政治面貌为共产党员的受访者对使用公共自行车出行的选择率最高,而民主党派受访者对此的选择率也有较大幅度的提升。

后　记

上海市社会科学界联合会为进一步贯彻落实国务院《全民科学素养行动计划纲要(2006—2010—2020年)》,更好地履行其推动和组织社会化教育、宣传普及社会科学知识的职责,分别在2011年和2013年向社会公开征集"上海市民人文社会科学知识与素养调查报告""上海白领阶层人文社会科学知识与素养调查报告"两个重点招标项目,上海大学马克思主义学院欧阳光明教授牵头的课题组承担了这两个课题的研究工作。课题组形成了《上海市民人文社会科学知识和素养调查(2011)》《上海白领阶层人文社会科学知识和素养调查(2013)》等研究报告。2016年、2019年,在上海市马克思主义理论高原学科建设经费支持下,课题组开展了关于上海市民人文社会科学知识与素养状况的第三次抽样调查和上海白领人文社会科学知识与素养状况的第四次抽样调查。

本书根据2013年和2019年调查中涉及的关于上海白领城市文化认同状况的调查数据和人文素养及其践行情况的调查数据,在科学、合理的基础上进行了历史比较和分析,得以成稿。为此,著者对在这两个课题调查研究过程中给予了关心、支持和帮助的上海市社会科学界联合会、上海大学等的有关领导以及参与课题调研工作的上海大学马克思主义学院、社会学院、法学院、社区学院、学生处和社调中心的教师、学生表示诚挚的感谢。

需要说明的是,为了使历史数据具有可比较性,课题组数次的调查问卷均是在2011年京津沪渝联合开展的公民人文素质调查问卷基础上结合上海地方情况和发展情况作了适当修改、补充。2019年对上海白领人文社会科学知识与素养状况的抽样调查使用的问卷也是这样形成的。上海大学社科学部哲学系徐琴教授、杨庆峰教授、周丽昀教授、刘小涛教授、刘友古副教授参与了课题调查原始问卷的设计,吴英俊、陆耀峰、汪昌炎等在历次问卷调查实施方案的设计、实施中发挥了重要的作用。上海市社会科学界联合会沈国明教授和桑玉成教授、上海社科院社会学所杨雄教授、复旦大学社会学系任远教授、华东师范大学社会学系文军教授、中共上海市委党校社会学教研室马西恒教授、上海大学社科学部哲学系王天恩教授和杨庆峰教授、共青团上海市委研究室李子副主任以及上海市社会科学界联合会何畏处长和应毓杰处长等专家、学者,为课题的调查和最初的研究报告提出过很好的修改意见,也为课题组对该问题的深入研究提供过很有参考价值的建议,在此一并表示衷心的感谢。

具体参与本书各章写作的人员有:陈桂香(第一章、第四章)、赵派(第二章)、胡孝锴(第三章)、宫艺(第五章)、祝鑫月(第六章)。

由于水平有限,时间仓促,不足之处在所难免,恳请读者批评指正。

欧阳光明

2021 年 10 月